广西高等教育本科教学改革工程项目重点项目“基于新工科理念的给排水虚拟教研室建设路径探索与实践”(项目编号:2022JGZ132)

教育新视野:本科教育教学审核评估下地方高校工科专业建设探索

JIAOYU XIN SHIYE:BENKE JIAOYU JIAOXUE SHENHE PINGGU XIA DIFANG GAOXIAO GONGKE ZHUANYE JIANSHE TANSUO

主　编:张中华
副主编:曾鸿鹄　徐宇峰　陈功宁　李海翔

中国地质大学出版社
ZHONGGUO DIZHI DAXUE CHUBANSHE

图书在版编目(CIP)数据

教育新视野：本科教育教学审核评估下地方高校工科专业建设探索/张中华主编；曾鸿鹄等副主编.—武汉：中国地质大学出版社，2025. 5.—ISBN 978-7-5625-6225-2

Ⅰ. G649. 2

中国国家版本馆 CIP 数据核字第 2025V1R851 号

教育新视野：本科教育教学审核评估下地方高校工科专业建设探索

张中华 **主　编**

曾鸿鹄　徐宇峰　陈功宁　李海翔 **副主编**

责任编辑：舒立霞　　选题策划：舒立霞　　责任校对：徐蕾蕾

出版发行：中国地质大学出版社(武汉市洪山区鲁磨路 388 号)　　邮编：430074

电　　话：(027)67883511　　传　　真：(027)67883580　　E-mail：cbb@cug. edu. cn

经　　销：全国新华书店　　https：//cugp. cug. edu. cn

开本：787mm×1092mm　1/16　　字数：170 千字　　印张：6. 625

版次：2025 年 5 月第 1 版　　印次：2025 年 5 月第 1 次印刷

印刷：河北虎彩印刷有限公司

ISBN 978-7-5625-6225-2　　定价：68. 00 元

《教育新视野：本科教育教学审核评估下地方高校工科专业建设探索》
编委会

主　　编：张中华

副 主 编：曾鸿鹄　徐宇峰　陈功宁　李海翔

编写单位：桂林理工大学

广西环境污染控制理论与技术重点实验室

广西岩溶地区水污染控制与用水安全保障协同创新中心

广西生态环保现代产业学院

桂林理工大学环境污染防治与生态保护实训中心

国家生态环境科普基地

广西壮族自治区农业面源污染综合治理工程研究中心

广西生态环境保护与低碳治理科技创新合作基地

流域保护与绿色发展广西高校工程研究中心

序

FOREWORD

在全球化与信息化飞速推进的当下，高等教育正在成为社会进步以及科技创新的关键推动力，经历着前所未有的深度变革。就地方高校而言，在新时代的大背景之下，如何实现工科专业的高质量发展，既是其自身得以存续与发展的根本所在，同时也是服务于区域经济、助力产业升级的迫切需求。本科教育教学审核评估作为保障高等教育质量的重要举措，给地方高校工科专业建设带来了全新的机遇与导向。本书围绕“本科教育教学审核评估下地方高校工科专业建设探索”这一主题，较为系统地研讨了地方高校工科专业于新时代背景下的发展路线，颇具理论价值与实践意义。

本书以新时代高等教育所处的变革背景为出发点，细致分析了本科教育教学审核评估所具有的导向作用，同时参照国内外工程教育评估的发展历程及相关经验，揭示出地方高校工科专业建设面临的机遇与挑战。一方面针对审核评估的理念、原则和指标体系展开了较为详尽的解读，另一方面结合地方高校工科专业的真实状况，给出了具备实际可操作性的建设路径与实践策略。

在理论层面，本书对新时代高等教育高质量发展所提出的各项要求展开了系统且细致的梳理工作，凸显了本科教育教学审核评估在助力高校内涵式发展进程中所起到的重要作用。对比国内外工程教育评估当下的发展情况之后，笔者明确指出，地方高校的工科专业在开展建设工作时，既要积极借鉴国际先进经验成果，又要牢牢立足本土实际情况，从而探寻出一条带有鲜明中国特色的发展路径。

在实际操作层面，本书同地方高校工科专业建设当下的实际状况紧密关联起来，剖析了当前存在的一系列主要问题，如人才培养目标的定位不够清晰明确、课程体系和产业方面的需求相互脱节、师资队伍的结构存在不合理之处、实践教学涉及的资源也显得不够充足等。笔者给出了依据审核评估所拟定的建设路径，包含对人才培养目标加以优化、针对课程体系展开改革、着力于师资队伍的建设、对实践教学条件进行改善以及促使质量保障体系得以完善等。这些建议不单在理论层面具备一定的前瞻性，而且在实践中也有着很强的可操作性。

本书阐述了地方高校工科专业建设同区域经济社会发展之间联系紧密这一情况。笔者明确提到，地方高校需要主动去和区域产业需求对接，对专业特色以及优势加以凝练，培育出能够适应区域经济社会发展的、高素质的应用型人才。该观点一方面与新时代高等教育服务社会的使命相契合，另一方面也给地方高校工科专业实现特色发展指明了前行的方向。

总之，笔者认真反思了地方高校工科专业建设的现状，也积极探寻了其未来的发展路径。本书既能为高等教育管理者、从事相关研究的人员以及一线教师提供理论参考，又能为地方高校工科专业高质量发展给予实践指引。期待本书正式出版之后，能为推动我国地方高校工科专业的改革创新增添新动力。

教授、博士生导师 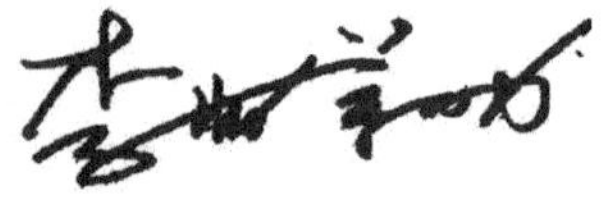

桂林理工大学环境科学与工程学院

2025 年 3 月 20 日

前 言

PREFACE

在新时代背景下，高等教育正面临着前所未有的、极为深刻的一系列变革。全球科技革命处于迅猛发展的态势，与此同时产业结构也在不断升级，加之社会对高素质人才的需求呈现出日益增长的趋势，高等教育作为国家创新体系里一个重要的组成部分，承担着培养创新型、复合型以及应用型等各类人才的关键使命。在当今高速发展的中国，伴随着“双一流”建设不断地深入推进，“新工科”理念也紧随其后被提出，还有“中国制造 2025”等诸多国家战略相继得以实施，高等教育朝着高质量发展的方向前行，已然成为推动经济社会取得进步的核心动力所在。地方高校在我国高等教育体系当中属于重要的组成部分之一，其工科专业建设情况不仅与区域经济社会的发展有着直接的关系，而且还对国家创新驱动发展战略的实施产生着极为深远的影响。

目前，国际竞争日益激烈，工程教育的标准也在持续提高。地方高校亟须从国际化的视角重新审视自身的定位与发展走向。从国内情况来看，经济社会不断发展，对工科人才所提出的需求也日益呈现出多样化的态势，传统的人才培养模式已然很难满足新形势下产业升级及技术创新所产生的需求。在地方高校工科专业建设的过程中，普遍存在一些问题，如人才培养目标的定位并不是特别清晰，课程体系以及教学内容的更新存在滞后的情况，师资队伍的结构与水平都有待进一步提升，实践教学的条件与资源相对不足，质量保障体系也还不够完善等。这些问题不但对地方高校工科专业实现高质量发展起到了制约作用，而且在一定程度上给区域经济社会的可持续发展带来了影响。

本科教育教学审核评估作为重要的质量保障机制，它的出现为地方高校工科专业建设带来了全新的发展机遇。审核评估秉持“学生中心、产出导向、持续改进”的核心理念，强调分类指导以及特色发展，注重实事求是、客观公正，凭借科学且系统的评估体系，促使高校教育教学质量得以全方位提升。就地方高校而言，审核评估不单是对工科专业建设的一次完整检视，更是推动其进一步深化改革、优化内部结构、提升整体质量的关键所在。借助审核评估，地方高校能够更为清楚地知晓自身所具备的优势以及存在的不足，进而明确未来发展的走向与具体路径，最终达成从规模扩张向内涵式发展转变的目标。

新时代对高等教育所提出的要求，并非仅仅局限于人才培养的质量层面，在教育体系的创新以及优化方面同样有所体现。信息技术正处于快速发展的态势之中，在这样的背景下，教育模式也随之发生着颇为深刻的变化。在线教育、混合式教学以及虚拟仿真实验等一系列新型教育模式纷纷兴起，这些无疑为地方高校工科专业建设提供了新的工具与手段。如何把这些新技术同传统教育模式有机地结合起来，又该通过何种技术手段去有效提升教学效果，这依旧是地方高校亟待深入探索的一些问题。此外，鉴于社会对人才综合素质的要求在不断提高，地方高校在培养学生的创新能力、实践能力以及团队协作能力等诸多方面，还需要投入更多的精力。

地方高校工科专业建设面临的一个重要挑战在于如何更为妥善地服务于区域经济社会的发展。地方高校和区域经济之间存在着一种天然的关联，其工科专业建设理应紧密贴合区域产业发展所呈现出的各种需求，从而培育契合地方经济特色、具备较高素质的人才。目前地方高校在专业设置以及人才培养方面依旧存在着和区域经济脱节的状况，毕业生很难满足地方产业发展所提出的种种需求。因此地方高校有必要在专业设置、课程设计以及实践教学等诸多方面采取更为深入细致的改革举措，以此来保证人才培养能够和区域经济发展的需求匹配。

本科教育教学审核评估的引入，给地方高校工科专业建设带来了科学的评估框架以及明确的改进方向。审核评估并非仅仅着眼于教育教学的最终结果，其对教育教学的整个过程也极为注重。借助对教育教学各个环节展开全面且细致的评估，地方高校能够自省在人才培养目标的设定、课程体系的构建、师资队伍的建设、实践教学条件的配备以及质量保障体系的完善等诸多方面存在的不足，进而能够有针对性地推动改进工作并实现优化。审核评估还突出了"持续改进"这一理念，要求高校在完成评估之后，依照评估结果去制订相应的改进计划，并且要持续不断地对改进效果加以跟踪。这一理念若能切实得以落实，将有助于地方高校的自我完善以及自我提升。

地方高校设立的工科专业在建设环节要对国际化发展给予高度关注。伴随着全球化进程不断加快的态势，国际化已然转变成高等教育在发展历程里极为重要的趋势。地方高校需要推动工科专业建设朝着国际化的方向迈进。例如，可通过引进国外优质教育资源、开展国际合作办学项目、积极参与国际工程教育认证等途径，提升工科专业的国际竞争力。与此同时，地方高校还应着力培养学生的国际视野与跨文化交流能力，使学生能够更好地适应全球化背景下自身职业发展的各项需求。

地方高校工科专业建设必须注重产学研合作。产学研合作是提升工科专业建设水平的重要渠道。地方高校和企业、科研机构携手合作，保证人才培养和产业需求能无缝对接。此外，产学研合作还能给地方高校带来更多实践教学资源以及科研项目，让学生的实践能力与创新能力都得以提升。地方高校要积极去摸索产学研合作的全新模式，如共建实验室、共同研发科研项目、共同开发课程等，以此推动工科专业建设和产业发展实现深度交融。

师资队伍建设方面面临诸多的挑战。许多地方高校在开展师资队伍建设工作时，依旧存在着如结构不太合理、教师水平参差不齐等问题。地方高校有必要将引进人才和培养人才结合起来，提升师资队伍整体水平。通过引进高水平的人才，进一步强化对教师的培训工作，同时还要不断完善教师评价以及激励机制，进而打造出一支结构相对合理、水平过硬的师资队伍。同时，地方高校也应当对教师的职业发展给予充分关注，为教师提供更多学术交流和职业发展机会，充分激发教师从事教学工作以及开展科研活动的积极性。

实践教学在工科专业建设中是极其重要的环节。然而，不少地方高校在实践教学条件以及资源方面依旧存在着一些不足。这不仅对学生实践能力的培养产生了影响，还对工科专业整体水平的提升起到了制约作用。地方高校应加强实验室和实习基地的建设工作，改善实践教学条件，同时，及时更新实践教学内容，保证实践教学和产业发展同步。可以采取引入虚拟仿真技术、开展项目式教学等方式，提升实践教学效果。

质量保障体系是地方高校工科专业建设的重要支撑。当下，不少地方高校在质量保障体系的建设方面，依旧存在着诸多不足，如教学质量标准不明确，教学质量监控以及评估机制也不够完善。地方高校需要不断完善教学质量标准，进一步加强教学质量的监控与评估工作，构建起一套科学合理的教学质量评估体系。此外，地方高校还需注重教学质量的持续改进，依据评估结果制订相应的改进计划，确保教学质量能够不断提升。

新时期地方高校的工科专业建设任重道远。地方高校工科专业建设既迎来了前所未有的机遇，也面临着诸多挑战。借助本科教育教学审核评估的指导作用，地方高校能够更为清晰地明确自身的发展走向，优化资源配置，推动工科专业建设全面升级。地方高校需要进一步深化教育教学改革，加强产学研合作交流，推动国际化发展，持续提升工科专业建设水平，为区域经济社会发展和国家创新驱动发展战略的实施贡献力量。

编　者

2025 年 2 月

目　录

CONTENTS

第一章　新时代背景下高等教育的深刻变革

第一节　背景与意义

一、新时代高等教育高质量发展的要求

在全球化以及信息化浪潮的推动之下，中国高等教育正经历着前所未有的巨大变革。新时代赋予了它崭新的历史使命，推动高等教育朝着高质量发展迈进，已然成为各级教育部门以及高校急需去研究并加以实施的重要课题。为了能够满足社会的诸多需求、推动经济社会不断发展，进而助力经济实现腾飞，新时代高等教育高质量发展所提出的要求主要体现在如下几个方面。

培育高素质人才无疑是高等教育实现高质量发展的根基所在。高等教育当下的侧重点已然不再仅仅局限于单纯地进行知识的单向传输，而是要去塑造既拥有创新精神，又具备实践能力，且能够从容应对各类复杂挑战的综合性人才。高等教育全力去提升学生的综合素养，在课程设置方面，得紧随着时代发展的脚步，冲破学科之间的壁垒，进而构建起跨学科的知识体系。并且，学校还应当积极引导学生踊跃参与到科研项目以及各类实践活动当中去，以此来提升学生在学习方面的主观能动性，同时增强他们解决实际问题的能力。要让学生能够在实践活动中把所学到的理论知识切实转化为实实在在的实践能力，这样才可以更好地适应处于飞速变化之中的社会需求。

信息化建设已然变成了重塑高等教育生态的关键驱动力所在。高校需要加快速度去构建起“智能＋”教育的全新生态，以此推动教育教学模式的创新发展。要推动智能化学习平台的建设工作，达成教育资源的精准推送目标，同时提升其个性化服务的水平。广泛运用大数据分析技术，对学生的学习轨迹予以追踪，进而建立起学习预警方面的机制；借助人工智能技术来开发教学管理智能体，实时提供在线答疑的相关服务；持续推动虚拟仿真实验室的发展，冲破传统实验教学在时空方面受到的限制。尤其要大力推进“智慧校园”的建设进程，构建起涵盖教学、科研、管理、服务等多方面信息融合的系统，打造出一体化且全方位的数字校园，以此提升学校整体管理运作效率。

强化科研同社会服务的结合。高校理应更为主动地去对接国家战略方面的诸多需求，进而构建起全新的“政产学研用”体系。在新时代的大背景下，高校需要将科研与地方产业发展紧密关联，以此推动科研成果转化应用。一方面要聚焦在关键核心技术的攻关上，建立起跨学科的新型团队，倾力打造出高水平的科研平台；另一方面则要持续不断地对科技成果转化机制加以完善，用心建设专业化的技术转移机构，从而打通从基础研究一直到产业应用的“最后一

公里”。推进校地合作研究单位的建立，开展针对性研究，服务区域经济发展；推动科技成果对接，搭建校企合作桥梁；设立创新创业基金，助力高校将科研成果转化为实际生产力。

新时代，高等教育若要达成高质量发展，国际化无疑是一条极为重要的途径。处在全球化这样的大背景之下，高校理应积极主动地投身到国际教育的大潮之中，去切实实行“高水平对外开放”这一战略。一方面，高校要引进国外优质的教育资源，开展诸如联合培养以及交换生项目等多样活动，借此开阔学生的视野，让学生在校的学习体验得以增强，进而促使人才培养质量得到提升；另一方面，高校还需鼓励教师去参与国际科研项目，并且要继续实行海外高层次人才引进计划，通过这些举措推进国际化的师资队伍建设，推动学术方面的交流互动，达到提升高校国际竞争力的目的。

科学的评价体系是推动高等教育朝着高质量发展迈进的重要保障举措。传统的教育评价体系常常侧重于学术成绩这一方面，所以当下迫切需要建立起契合新时代各项要求的全新教育评价体系。在针对学生进行评价的时候，除了要考量课业成绩之外，还应当把创新创业方面的能力以及社会实践经历等诸多因素都纳入评价范畴当中，以此来确保学生能够实现全面发展。要对学生的学术能力、创新能力、实践能力和人文素养展开综合性的考察，进而促进学生实现全面成长。而在教师评价方面，要对分类评价制度加以细化，针对教学型、科研型、教学科研型等不同岗位分别建立起与之相适应的评价标准。至于学科评价方面，则要强化以质量为导向的理念，构建起常态化的学科评估制度。通过打造多元化的评价体系，最终达成评价既科学又精准的目标。

二、本科教育教学审核评估的导向作用

本科教育教学审核评估构成了高等教育质量保障体系里极为重要的一部分，其主要意图在于凭借系统且较为周全的评估方式，去推动高校本科教育教学质量能够持续性地获得提升。这一评估机制不仅是对高校教育教学工作的一次全面查验，也是推动高校教育教学改革与发展的关键动力。

1. 本科教育教学审核评估的基本概念与目的

本科教育教学审核评估是对高校本科教育教学工作展开全面且系统的评估工作，其目的在于推动教育教学质量的持续改进与提升。它涉及对教学资源、教学过程以及教学效果等诸多方面展开考察，就是要保证高校本科教育符合既定质量标准，进而满足社会对高素质人才的需求。

审核评估的关键目的在于把外部评估同内部自评结合起来，以此来促使高校持续对教育教学资源的配置加以优化，对教学方法予以改进，进而让教学效果得以提升。与此同时，审核评估还给高校带来了一个能够展开自我反思以及做出改进的契机，助力高校发现教育教学环节里存在的不足，并且采取行之有效的举措来做出改进。凭借这样的一种机制，高校便可以更为出色地契合社会发展所提出的多样化需求，培育一批批契合社会所需的高素质人才。

2. 审核评估对高校教育教学质量的提升作用

审核评估推动高校进一步重视教育教学方面的工作。借助评估这一方式，高校可以较为完整地知晓自身在教育教学领域所具备的优势，同时也能清晰了解到存在的不足，进而能够依据所发现的情况去采取有针对性的改进举措。

审核评估具备推动高校教育教学资源达成优化配置的作用。在开展评估活动期间，高校有必要针对教学资源展开全面且细致的梳理以及评估工作，从中去探寻资源配置方面存在的不够合理的地方，进而采取相应的调整措施。如高校在参与评估的时候发现自身的实验室设备已陈旧老化，根本无法满足现代教学所提出的各项需求，于是便投入了一定数额的资金用于更新实验设备，有效地提升了实验教学的质量水平。

审核评估对高校教育教学方法的创新有着推动作用。在评估期间，高校需持续地探索并尝试各类新的教学方法，目的在于提升教学成效。如高校在接受评估之时引入了翻转课堂以及混合式教学等新型教学模式，这在很大程度上有效激起了学生的学习兴趣，也让学生的参与度得到了切实提升。

3. 审核评估对高校教育教学改革的推动作用

审核评估不单单是对高校教育教学质量加以检验，同时还是推动高校教育教学改革极为重要的一股动力。借助审核评估这一契机，高校有能力去发现教育教学环节里存在的各类问题，进而采取行之有效的举措来推动改革。

审核评估具备推动高校课程体系开展改革的作用。在评估的整个过程中，高校有必要对自身的课程设置予以全面且细致的审视，从中去发现课程体系里存在的不足，进而做出相应调整。例如，某高校在接受评估的时候，被发现其课程设置过于偏重理论，实践环节存在明显缺失，于是及时对课程体系进行了调整，适当增加了实践课程所占的比重，由此使得学生的实践能力得到了一定程度的提升。

审核评估具备推动高校教学方法变革的作用。在评估开展期间，高校得持续去探索并试着运用一些新的教学方法，目的在于让教学效果得以提升。例如，某高校在接受评估时，引入了项目式教学以及案例教学这类新型的教学方法，有效地提高了学生的学习兴趣，同时也让学生的参与度得到了提升。

审核评估有着推动高校教学管理改革的作用。在评估期间，高校需对教学管理制度加以全面审视，从中找出管理方面存在的不足，进而加以改进。例如，某高校在接受评估时，发现自身的教学管理制度并非十分完善，于是及时对教学管理制度进行了修订，使得教学管理在科学性以及规范性方面都得到了提升。

4. 审核评估对高校师资队伍建设的促进作用

审核评估可推动高校进一步重视师资队伍的建设。借由开展评估工作，高校能较为全面地知晓自身在师资队伍建设层面所具备的优势以及存在的不足，进而能够依据实际情况采取有针对性的改进举措。例如，某高校在审核评估之时，发现其师资队伍的结构并非十分合理，于是适时地对招聘政策做出了调整，扩大了对高层次人才的引进规模，使得师资队伍的整体水平得到了有效提升。

审核评估对于推动高校教师在专业发展方面实现提升有重要作用。在开展评估的过程当中，高校有必要对教师的专业发展状况予以全面细致的审视，从中发现教师在专业发展进程中存在的不足，进而采取切实有效的措施加以改进。例如，某高校在实施评估时发现自身的教师培训机制并非十分完善，于是便迅速且及时地对教师培训机制进行了完善，使得教师的专业素养以及教学能力都得到了相应的提升。

审核评估具备推动高校教师教学方法创新的作用。在评估期间，高校得持续对新的教学方法展开探索与尝试，目的在于增强教学效果。例如，某高校在开展评估工作之时，引入了教学竞赛以及教学观摩等教学激励机制，极大地调动了教师从事教学工作的积极性，同时也让教师的创新能力得到了有效提升。

5. 审核评估对高校学生综合素质培养的引导作用

审核评估能推动高校进一步重视学生综合素质的培养。通过开展评估，高校可较为完整地知晓自身在学生综合素质培养层面所具备的长处以及存在的欠缺之处，进而能够依据所了解到的情况有的放矢地做出改进。例如，某高校在参与审核评估期间发现自身所构建的学生综合素质培养体系尚存在不够完备的状况，于是即刻对该培养体系予以完善，额外增添了创新创业教育以及社会实践等相关环节，借此有效地提升了学生的综合素质。

审核评估具备推动高校学生实践能力得以提升的作用。在开展评估期间，高校有必要针对学生的实践能力展开全方位的审视工作，从中去发觉在实践能力培养方面所存在的不足，进而采取行之有效的举措来改进。例如，某高校在评估过程中发现自身的实践教学环节较为薄弱，于是及时对实践教学环节予以强化，增加了实习实训的机会，使得学生的实践能力得到了提升。

审核评估对高校学生创新能力的培养有着促进作用。在开展评估的过程当中，高校得持续不断地去探索并尝试一些全新的创新能力培养方法，从而促使学生的创新能力得以提高。例如，某高校在审核评估的时候，引入了创新创业竞赛以及创新实验室等新型的创新能力培养机制，如此便有效地提升了学生的创新能力，同时也增强了学生的创业意识。

三、地方高校工科专业建设面临的机遇与挑战

1. 地方高校工科专业建设面临的机遇

国家政策给予了有力支持：近年来，国家接连推出了诸多政策，全力支持高等教育不断发展，工科教育更是受到重点关注。《中国制造 2025》清晰地表明要强化工科人才的培养工作，以此推动制造业实现转型升级。与此同时，中华人民共和国教育部（简称教育部）也颁布了《教育部关于加快建设高水平本科教育全面提高人才培养能力的意见》，指出要强化工科专业的建设，促使学生的实践能力以及创新能力都能得到提升。上述这些政策实实在在地为地方高校工科专业建设筑牢了政策保障根基，并且还给予了充足的资金支持。

地方经济发展有着自身的需求情况，地方高校的工科专业建设和地方经济发展之间存在着极为密切的关联。当下，区域经济正处在快速发展的进程之中，特别值得一提的是中西部地区呈现出崛起的态势，在这样的背景下，地方对工科人才的需求在不断增加。地方高校与地方政府以及企业携手合作开展产学研合作项目，培育出契合地方产业需求的具备较高素质的工科人才，一方面有助于促使高校的办学水平得以提升，另一方面也对地方经济发展给予了人才方面的有力支撑。

新一轮科技革命以及产业变革来临，人工智能、大数据、物联网、智能制造等新兴技术正迅速发展，这给工科教育创造出了全新的发展契机。地方高校引入这些新兴技术，对工科专业的课程设置加以优化，可以提高学生运用技术的能力以及创新能力。同时，产业升级也给工科专业的学生赋予了更多的就业机遇与发展的可能。

在全球化进程不断加快的大背景之下，地方高校在国际化合作方面迎来机遇。地方高校

推进与国外高水平的大学以及科研机构展开合作，引入先进的教育理念及教学资源，能够提升工科专业的国际化水平，此外还能够给学生创造出更多到海外去进行交流以及学习的机会，拓宽学生的国际视野。

2. 地方高校工科专业建设面临的挑战

师资力量不足。相较于重点高校而言，地方高校在吸引高水平的工科教师方面，确实存在着不少困难。在很多地方高校所组建的工科教师队伍中，拥有博士学位以及具备丰富实践经验的教师占比相对偏低，而这一情况无疑对工科专业的教学质量以及科研水平产生了直接的影响。并且，地方高校所设立的教师培训机制并非十分完善，教师能够获得的职业发展空间也相对有限，教师队伍的稳定性难以得到很好的保障。

实践教学资源匮乏。实践教学在工科专业建设中是极为重要的一个环节。然而，地方高校实践教学资源相对短缺，不少地方高校的实验室设备陈旧，实验条件也很有限。此外，地方高校在建设校外实习基地方面同样面临着困难，学生需要更多机会参与到实际的工程项目中去。

课程设置与产业需求脱节。地方高校所开设的工科专业，其课程设置常常跟不上由产业发展所产生的种种需求。不少地方高校的工科课程依旧采用传统的教学模式，教学内容和当下产业技术发展的实际情况脱节，学生毕业后很难适应企业的实际需求。另外，地方高校在针对课程展开更新以及优化方面，缺乏应有的灵活性，无法依据产业方面出现的种种变化及时对课程设置做出相应调整，这对工科专业的教育质量造成了不良影响。

科研水平有待提升。地方高校于工科领域所呈现出的科研水平往往处在相对不高的状态，其所能获取到的科研项目数量不多，相应的科研经费也颇为有限，一方面对工科专业原本应有的学术影响力产生了负面影响，另一方面也对学生创新能力的培育起到了限制作用。与此同时，地方高校在科研成果转化上同样面临着不少难题，有许多的科研成果都很难真正转化成为实际的生产力。

学生就业压力大。相较于来自重点高校的毕业生而言，地方高校学生所具备的竞争力稍弱；从另一方面来看，地方高校所设置的工科专业情况，与地方产业当下实际的需求并不能达到完全契合的程度，使得一部分毕业生在寻求与自身专业对口的工作之时遇到困难。此外，地方高校在为学生提供就业指导和职业规划的意识方面的服务，需要进一步加强。

3. 地方高校工科专业建设的对策

加强师资队伍建设。地方高校需要加大对高水平工科教师的引进力度，要凭借给出颇具竞争力的薪酬待遇以及科研条件，来吸引更多拥有博士学位且具备丰富实践经验的教师投身其中。地方高校还得强化教师的职业培训工作，以此提升教师在教学以及科研方面的能力。此外，地方高校也能够通过和企业展开合作的方式，聘请企业专家出任兼职教师，从而让教师队伍的结构更加丰富多样。

改善实践教学条件。地方高校有必要进一步加大对实践教学资源方面的投入力度，对实验室设备予以更新换代，促使实验条件得以改善提升。与此同时，地方高校要积极主动地和地方政府以及相关企业携手开展合作，致力于校外实习基地的建设工作，从而能够为学生赋予更多的参与实践活动的契机。此外，地方高校还能够借助开展校企合作项目这一途径，使得学生可以参与到实际的工程项目中去，以此来推动他们在实践能力以及创新能力等方面的提升。

优化课程设置。地方高校需要依照产业发展所呈现出的具体需求，适时地对工科专业现有的课程设置做出相应调整与优化，把新兴技术以及前沿知识引入其中，以此促使课程在实用性方面以及前瞻性层面均能得以提升。与此同时，地方高校还应当进一步强化与企业之间的合作关系，积极开展产学研合作相关项目，保证课程内容能够和产业需求处于紧密的契合状态。此外，地方高校也能够凭借引入国际上较为先进的课程体系这一方式，促使工科专业的国际化水平获得相应提升。

提升科研水平。地方高校需要加大对工科科研项目的支持力度，积极鼓励教师去开展较高水平的科研相关工作。与此同时，地方高校也应当进一步强化同企业的合作，大力推动科研成果实现转化，以此来提升高校为地方经济发展予以服务的实际能力。此外，地方高校还能够借助与其他高校以及科研机构合作的方式，开展联合科研项目，进而促使科研水平得以提升。

加强就业指导与服务。地方高校有必要进一步强化就业方面的指导以及服务工作，以便助力学生更好地提升自身就业能力，同时增强其职业规划方面的意识。地方高校应当借助与企业携手合作这一方式，积极开展各类就业培训活动以及实习项目，从而促使学生的就业竞争力得以提升。与此同时，地方高校还应当进一步加强同地方政府之间的合作关系，大力推动工科毕业生在本地实现就业，进而有效缓解学生所面临的就业压力。

第二节　国内外本科教育教学评估发展现状

一、国外工程教育专业认证与评估

1. 国外工程教育专业认证的现状

在美国，ABET（工程与技术认证委员会）是负责工程专业认证的重要机构。ABET 制定了一连串的标准，其目的在于保证工程教育项目可以培育出拥有必备知识以及相应技能的工程师。一旦学校通过了该项认证，那么它就能展示自身的教育水准，进而给学生的就业以及职业发展给予有力保障。

在欧洲，德国、法国以及英国等国家设立了与之相对应的工程教育认证评估方面的机制。这些机制一方面重视教育质量，另一方面强调持续改进与反馈，对于培育契合市场需求的工程方面的人才极为重要。

国外工程教育评估有重要意义，就拿 EUR-ACE（欧洲工程教育认证）来说，EUR-ACE 所认定的教育项目，须依照欧洲高等教育区制定的标准——博洛尼亚进程（Bologna Process）来施行，如此才能保证跨国学位可以相互认可，同时专业能力也具备兼容性，这一点在学生的国际流动方面，起到了颇为重要的作用。

国外工程教育专业认证的实施以及与之相关的评估工作，其重要性主要体现在以下几个方面。

要想提升教育质量，教育机构借助专业认证这一途径，能够对自身的课程设置、教学方法以及评估方式展开系统性的审视，进而实现优化调整。在认证期间，学校得接受来自外部专家给出的评估以及反馈信息，而这个过程，会促使学校开展自我反思并采取改进举措，这对于确保教育能够达到高标准有着积极的作用。

增强就业方面的竞争力，获得相关认证的教育项目，能实实在在地为学生毕业之后的就业给予颇为有力的支撑。用人单位大多觉得经过认证的学位项目往往更具备权威性，相应地，毕业生也就由此在就业市场上更拥有竞争力。一方面能够增加学生的就业机会，另一方面还能够提高学校的声誉。

在工程行业不断朝着全球化方向发展的态势下，工程教育获得国际认可的重要性愈发凸显。促进国际交流，可以通过构建一套统一的认证标准，同时设立与之相匹配的评估体系，让国际上不同国家之间的学位互认成为现实。这也会在后续进一步推动学生能够在跨国层面实现流动，并且助力开展更多的国际合作项目。

2. 对我国工程教育的启示

建立健全的评估体系。我国的工程教育正快速发展，迫切需要构建更完备的专业认证与评估体系。参考国外的相关经验来看，我国可以考虑去设立一个面向全国层面的工程教育认证机构，同时制定出合乎情理的评估标准，从而保障工程教育的质量能够契合国际方面的相关要求。

重视持续改进。在开展教育评估活动期间，持续改进无疑是其中极为关键且不可或缺的一个环节。我国的高等教育机构有必要去学习国际上通行的惯例做法，专门建立起一套完善的反馈机制。通过这一机制，能够及时且全面地了解教育具体实施过程当中所呈现出来的成效，并且依据所了解到的情况做出与之相对应的合理调整举措，以此来达成不断提升教育质量的最终目标。

加强国际合作。处在全球化这样的大背景之下，国际合作已然变成了推动工程教育向前发展的重要方式。我国需要积极主动地参与到各式各样的国际工程教育认证活动当中去，以此推动和其他国家以及地区展开教育方面的交流与合作，进而提升我国工程教育在国际上的影响力。

国外工程教育专业认证以及评估制度的施行，是提高教育质量、强化学生所具备的竞争力以及推动国际交流的重要的举措。我国在推进工程教育改革这一进程当中，可以参照这些经验，构建起系统完备的评估机制，以此推动工程教育朝着更进一步的方向去发展。

二、国内本科教育教学评估发展历程

近年来，国内本科阶段的教育教学评估已然作为一种能够提升教育质量的重要方式，受到了愈发多的瞩目。从 20 世纪 80 年代开始，我国的高等教育便处在转型以及发展的进程当中，而教育教学评估也渐渐变成了推动教学改革以及保障教学质量的极为重要的一部分。

1. 改革开放初期的起步阶段

在 20 世纪 80 年代，随着我国改革开放进程的不断推进，教育体制方面的改革也随之开展。当面临高等教育快速扩张所带来的一系列挑战之时，教育部门切实意识到必须构建起一套完备的评估机制。1985 年，我国首次开展高校教学评估试点工作，关注课程是如何设置的、教学具体涵盖哪些内容以及教师自身水平等诸多方面。而这一阶段所开展的评估工作，主要是依靠专家展开评审以及高校自身进行自我评估来完成的，整体上显得较为初始且相对比较简单。

2. 制度化与规范化的探索

20 世纪 90 年代，伴随着高等教育持续不断地发展，教育教学评估的必要性越发凸显。1994 年初，国家教育委员会开始有规划、有条理地去实施针对普通高等学校本科教学工作水平展开的评估行动，这一举措意味着我国本科教育教学评估的制度化进程正式开启。在此阶段，评估所涉及的内容不仅局限于教学的过程，而是进一步扩大到了学校整体层面的管理工作、各类资源的配置情况以及面向社会所提供的服务等方面。相应的评估指标体系也逐渐形成，能够以更为科学合理的方式来针对高校开展全方位的评估工作。

3. 高等教育质量监控体系的建设

踏入 21 世纪以来，我国的高等教育已然迈入了一个全新的阶段，在这个阶段当中，高等教育已在全面提升其自身的质量。2001 年，教育部专门设立了高等教育教学评估中心，与此同时，还构建起了高等教育质量的监控体系，其目的就在于能够切实保证教育教学评估相关工作具备应有的专业性以及权威性。通过积极引入第三方评估机构以及评估方面的专家，评估工作的公正性以及透明度都得到了更进一步的强化。并且，各个高校在这个过程当中也纷纷开始关注内部评估机制的建设工作，希望借此来推动自身开展自我反思，进而达到持续改进的效果。

4. 评估的多样化与国际化发展

近年来，全球教育一体化的进程不断加速，在此情形下，国内本科教育教学评估慢慢展现出多样化发展的态势。越来越多高校借鉴国际上较为先进的评估标准以及相关实践，进而推出能与国际接轨的评估项目。AACSB、ABET 等国际认证标准的引入，使得国内部分高校在开展评价工作时，更注重教育质量在国际层面的比较，也更加关注学生的国际视野培养情况。同时，像学生评教、同行评审等评估手段，也已经在日常教学管理当中得到了广泛运用，整体提升了评估所涉及范围的广度以及实施过程的实际效果。

5. 未来发展的挑战与展望

虽说我国本科教育教学评估在过去的几十年间已经获得了颇为显著的进展，然而其依旧面临着不少挑战。评估标准在制定之时要更加具备科学性与合理性，要充分顾及不同学科以及各高校自身所具有的特点，这样才能防止出现“一刀切”的情况。对于评估结果的运用，还需要进一步去强化，应当凭借有效的反馈机制来促使高校在教学改革以及发展的进程当中做出与之相应的调整。另外，处在智能化、信息化迅猛发展的大背景之下，如何借助大数据还有人工智能技术去提升教学评估的效率以及精准度，将是未来发展的关键方向所在。

国内本科阶段的教育教学评估走过了艰辛历程，从最开始的处于试点摸索的状态，发展到现在，已经呈现出制度化以及朝着国际化迈进的态势。在一定层面上，评估机制对教育质量的提升起到了推动的作用。当面临新的形势时，教育教学评估要持续地推进深化改革，同时还要在方法上不断进行创新，这样才能够更为妥善地去适应时代发展需求。

三、地方高校工科专业建设现状

地方高校的工科专业建设已然受到了政府以及社会层面的广泛关切。国家所施行的“双一流”政策，加上“新工科”建设方面的推动作用，对地方高校工科专业的发展给予了相应的政策扶持与资金保障。不少地方高校都积极地响应国家发出的号召，关注提升工科教育的质量和水平，竭力构建带有地方特色的工科专业体系。地方高校针对课程设置、师资队伍建设、实践教学等多个方面都展开了颇为积极的探索。

地方高校在工科专业建设中面临诸多挑战。地方高校的科研经费与资源相对匮乏，这对工科专业的科研能力以及教学质量都产生了影响。许多地方高校在学科建设方面，处在较为薄弱的环节上，既缺少优秀的科研团队，又没有高水平的实验设备，所以很难满足快速发展的科技需求。地方高校工科专业的人才培养模式亟待创新。就目前来看，许多地方高校依旧沿用着传统的教学模式，跟企业以及行业之间缺乏深入紧密的合作，学生的实践能力与创新能力的培养不足，进而使毕业生就业时竞争力不强。

面对这些挑战，地方高校迫切需要在工科专业建设上进行多方面变革与创新。要加大对工科专业的财政投入力度，促使地方政府、社会企业参与到高校的资金支持当中来，以此增强工科专业的科研以及实践方面的能力。强化与地方经济、产业的对接工作，借助建立校企合作机制这一方式，去推动工科专业的课程改革进程，让其能够更为妥善地契合市场需求。与此同时，地方高校还应当积极引入并且着力培养高水平的师资队伍，提高教师的科研水准以及教学能力，从而为学生赋予更为优质的教育资源。

地方高校也应当踊跃参与国家和地方的科技创新项目，在开展科研活动的过程中，锻炼学生的实践操作能力，同时注重培养他们的创新意识以及团队协作能力。借助项目驱动这种教学手段，将理论知识和实践活动有机融合，以此提升学生的综合素养及各方面的竞争力。

第二章　本科教育教学审核评估体系解读

第一节　审核评估的理念与原则

审核评估属于高等教育质量保障体系里极为重要的构成部分，它所秉持的核心理念以及遵循的原则是凭借科学且系统的评估机制，推动高校教学质量不断提升。审核评估不单是针对高校办学水平以及教育教学质量展开的全面性查验，它同时也是促使高校朝着内涵式方向发展、达成教育现代化目标的重要举措。

一、学生中心、产出导向、持续改进

1. 学生中心：以学生发展为核心

审核评估秉持的首要理念是“学生中心”，这意味着全部的教育教学活动都应当以学生的成长与发展为核心。高等教育所设定的目标在于培育出德智体美劳全方位发展的社会主义建设者与接班人。鉴于此，审核评估要将学生置于中心位置，去关注学生的学习感受、能力的逐步提升以及综合素质的不断提高。

关注学生的学习成效，审核评估对学生学习所获成果展开考察，这里面涵盖了知识的掌握情况、能力的培育状况以及素质的提升情形等多个方面。借助对学生学习成效予以评估，能够从反向来审视教育教学的质量状况，在此基础上进一步去优化课程的设置安排、教学所采用的方法以及资源的调配配置等。

推动学生达成全面发展这一目标：评估并非仅仅聚焦于学生的学术能力方面，同时也有对他们思想道德素养的培育、实践动手能力的提升、创新创造精神的养成以及社会责任感的强化。高等院校需要凭借多样化的教育途径以及各类实践活动，来为学生创设能够实现全面发展的契机。

尊重学生个体之间存在的差异：学生无疑是教育活动当中最为核心的主体部分，审核评估工作理应将关注点放在学生的个性化需求之上，充分尊重他们各自的兴趣、所具备的特长以及未来的发展方向，以此来推动因材施教这一教育理念的切实落地，助力每一位学生顺利实现自身所蕴含的价值。

2. 产出导向：以教育成果为衡量标准

“产出导向”是审核评估的关键原则，它把教育成果当作衡量教育教学质量的核心标准。以往传统的教育评估常常会将侧重点放在资源投入以及教学过程方面，然而“产出导向”与之不同，它会更为留意教育所达成的实际成效，也就是学生经由学习以后所获取到的知识、具备

的能力以及自身的素质情况。

高校要明确教育目标，还需要依据社会需求以及学生发展所需，清晰界定人才培养目标，而且把它进一步细化成具体的毕业要求。审核评估会对这些目标的达成状况予以考察，以此来判定教育教学是否有效。

关注能力的培育：产出导向突出学生的实践能力，还有创新能力以及解决问题的能力。高校需要借助课程设计、开展实践教学以及推动校企合作等多种途径，来提高学生的综合能力。

量化评估指标方面，审核评估会构建一套科学的指标体系，以便能够对学生的学习成果展开量化层面的分析。拿毕业生就业率来看，它能够在一定程度上反映学生毕业后进入职场的情况，可作为评估的重要依据之一。再者，创新创业成果同样也具备重要的评估价值，它能体现学生在创新以及创业领域所取得的成效。另外，社会评价不容忽视，社会各界对于学生的看法和反馈等，也都能成为评估所倚重的重要依据。

3. 持续改进：以质量提升为永恒目标

“持续改进”也是审核评估的关键，它要凭借评估去找出问题，剖析其中的原因，进而拟定改进措施，以此达成教育教学质量持续获得提升的目标。高等教育处于一种动态向前发展的态势之中，唯有不停进步，才能跟得上社会需求方面所发生的种种变化以及教育改革不断深化的步伐。

二、分类指导、特色发展

1. 分类指导：因校制宜，精准施策

高等教育体系有着多样且复杂的特点，各类高校在办学定位方面、发展目标层面以及资源条件状况上，都有着颇为显著的差异。所以，审核评估要秉持“分类指导”这一原则，依照不同高校所具备的特点，去制定存在差异的评估标准与方法。

明确高校分类标准：依据高校在办学层次方面的情况、学科所呈现出的特色及服务所面向的对象等，将高校划分为诸如研究型、应用型、职业技能型等不同的类型。审核评估工作需要结合不同类型高校各自所具有的特点，设计出具有针对性的评估指标。

办学定位的凸显：高校的办学定位是其发展的根本指向所在。审核评估需要留意高校是不是已经明晰了自身的办学定位，并且能否在教育教学活动中切实加以贯彻落实。研究型高校往往要侧重于科研创新方面的能力培养，而应用型高校则要关注实践教学以及和企业展开合作等。

分类指导旨在支持高校多样化发展，以防出现“千校一面”的情况。审核评估需要高校依照自身所具备的条件，对契合自身的发展路径加以探索，进而打造出独具特色的办学风格。

2. 特色发展：彰显优势，打造品牌

高校要提升核心竞争力，特色发展无疑是极为关键的一点。审核评估理应促使高校依据自身所具备的优势将办学特色加以凝练，并且倾力打造出独属于自身的教育品牌，方能在竞争异常激烈的环境当中崭露头角。

高校需依据自身所具备的学科优势来挖掘学科特色，发展特色学科与专业。审核评估需要留意高校在特色学科建设层面所取得的成效，其中涵盖了师资队伍的情况、科研达成的成果以及在社会当中所具备的影响力等方面。

创新人才培养模式方面，特色发展并非仅仅局限于学科建设层面，其在人才培养模式的创新方面同样有所体现。高校需要依据自身所具备的特点，积极探寻多种多样的人才培养模式，如国际化教育模式以及创新创业教育模式等。

地方高校要紧密贴合区域经济发展的各类需求服务地方经济，培养能适应地方产业发展的应用型人才。审核评估需留意高校在服务地方经济层面所做出的贡献，如校企之间开展合作、推动科技成果转化等方面的情况。

三、实事求是、客观公正

1. 实事求是：尊重事实，科学评估

实事求是的原则，要求评估工作以事实作为依据，不能出现主观臆断的情况，同时也要杜绝形式主义的做法。只有始终秉持实事求是的态度，才能够切实保证评估结果具备应有的科学性以及足够的可信度。

数据要确保真实且可靠：审核评估要将真实的数据当作基础，切不能弄虚作假，更不能夸大其词。高校需要给出精准的教学数据以及学生信息，评估机构则要借助多种途径来核查数据是否真实。

注重实地考察环节：在开展审核评估工作时，除了对相关资料以及数据予以查阅之外，还应当借助实地考察、开展座谈访谈等途径，去充分且细致地了解高校的实际状况。举例来讲，评估方面的专家能够走进高校的课堂之中，对教师所展现出的教学水平以及学生呈现出的学习状态予以仔细观察。

防止出现形式主义的情况：审核评估要把重点放在取得实际成效上，切不可只是走走过场，搞形式主义。评估指标做到简洁清晰又通俗易懂，评估过程也应当讲究高效且务实，要保证评估这项工作能够实在地发挥促进质量提升的作用。

2. 客观公正：公平透明，一视同仁

审核评估的一项基本要求在于保持客观公正，这就意味着评估工作坚守公平、公正且公开的原则，保证每一所高校都能够在对等的条件下接受相关评估。

要确立统一的评估标准来开展审核评估工作，让所有高校都能依据相同的尺度去接受评估。而且这一评估标准得做到公开透明，方便高校能够清晰地理解并且顺利地去执行。

要规避利益方面的干扰：评估机构以及评估专家须保持自身的独立性，切不可受到来自外部利益的影响。评估专家需要对和自身利益存在关联的高校予以回避，保证评估结果的公正性。

审核评估要接受来自社会的监督，让评估工作的透明度得以增强。评估得出的结果能够向社会公布，接受公众给出的评议以及监督。

第二节　审核评估指标体系解析

一、一级指标与二级指标

审核评估指标体系是按照“目标导向、问题驱动、持续改进”的原则来构建的，其采用的是

“模块化+核心要素”的结构形式。一级指标主要聚焦在宏观的维度之上，能够很好地体现出办学所具有的核心职能；二级指标则是进一步对考察点加以细化，从而形成既可以量化，又能够进行验证的评估单元。就教育部制定的《普通高等学校本科教育教学审核评估实施方案（2021—2025 年）》来讲，它的指标体系涵盖了 7 个一级指标以及 27 个二级指标，由此便形成了一个“7 + 27 + N”的弹性框架，这里的 N 所指代的是特色项目。

1. 一级指标核心构成

办学的方向以及本科所处的地位涵盖党建思政、立德树人以及本科地位这 3 个二级指标，对意识形态阵地构建情况、课程思政落实所取得的成效、资源优先调配机制展开考察。有某所高校构建起了“党委书记—专业教师—学生党员”这样三级联动的课程思政督导体系，进而在二级指标“课程思政覆盖率”的评估环节拿到了满分。

培养流程涉及专业建设、课程教学、创新创业教育以及质量评价这 4 个二级指标方面的内容。某应用型高校在有关“产教融合课程占比”的指标方面，把行业标准融入了 68%的专业课程当中，由此形成了“企业命题、双师授课、项目考核”的培养模式。

教学资源的利用涵盖了师资队伍情况、教学设施状况、经费保障情形以及数字化资源 4 项二级指标。这里要留意“生均教学经费增长率”“智慧教室使用率”这类量化标准。某双一流 A 类大学构建了“线上教学资源使用效能评估模型”，以此来较为精准地对数字资源投入产出比予以衡量。

2. 二级指标设计特点

可测性设计方面：每个二级指标都设定了 3～5 个观测点。如“教师发展”这一指标，其中涵盖了培训学时、海外研修所占比例、教学竞赛获奖数量等能够量化的要素。某省属高校设立了“青年教师企业实践学期制 ”后，该校双师型教师的比例出现了明显变化，从原本的 32%大幅提升到了 57%。

差异化权重的设定方式为其指标权重会依照学校类型来进行动态调整。就研究型大学而言，其“科研成果转化”这一指标的权重能够达到 15%。反观应用型高校，其“校企合作基地数量”指标的权重则提升至了 20%。另外，某省属的行业重点高校在特色指标“标准化人才培养”方面还获取了额外的 10%加分。

证据链方面：在二级指标评估的时候，须提供将“制度文件”“过程记录”以及“成效数据”融合起来的三位一体式证据链。如评估“学生指导服务体系”，须同时把心理咨询台账、学业预警分析报告以及毕业生跟踪调查数据等一并提交。

二、审核重点与考察要点

审核重点以及考察要点属于评估工作里面极为关键的核心内容。审核重点其实就是将一级指标、二级指标具体化，而考察要点是在审核重点的基础之上做了更进一步的细化处理，从而清清楚楚地明确了评估具体所涉及的内容以及相应的标准。

1. 审核重点

审核重点通常包括以下几个方面。

办学定位与目标的合理性方面：对高校展开审核，看其办学定位是否足够清晰明确，人才培养目标能否契合国家以及社会的各项需求，同时考察其是否具备较为鲜明独特的办学特色。

师资队伍的建设和发展方面：对师资队伍的数量状况、结构特点、学术水平高低、教学能力强弱，还有师德师风的建设情形展开审核。

教学资源在配置及利用方面：对教学设施、实验室、图书馆以及信息化教学资源的配置实际状况予以审核，同时也要考量这些资源具体的利用成效。

教学管理以及质量保障的有效性体现在：对教学管理制度是否完备予以审核，要查看教学质量监控体系是不是足够完善，还要考量教学改革与创新有没有切实取得成效。

学生发展所呈现出的全面性特点：对学生诸多方面的培养成效予以审核，像学生的学习成果方面、创新能力方面、实践能力方面，还有综合素质方面等，均在审核范畴之内。

社会服务以及贡献所呈现出的实际成效：对高校进行审核，查看其在服务社会、推动地方经济向前发展、从事文化的传承并开展创新等诸多方面所做出的实实在在的贡献情况。

提升国际化水平方面：审核高校在国际合作交流方面、国际化课程构建方面以及留学生教育方面等所取得的实际成效。

2. 考察要点

1)内容

考察要点是对审核重点的具体化，通常包括以下内容。

高校办学理念清晰与否、定位精准与否、人才培养目标契合国家和社会需求与否，以及是否具备鲜明的办学特色与优势，这些都关乎着高校整体的办学定位与目标。

师资队伍方面：需考量其数量是否足够充裕、其结构是否合乎常理；要关注教师的学术水平有没有达到相应要求、其科研成果是否足够丰硕；还要留意教师的教学能力是否格外突出、其教学方法是否足够先进；另外，师德师风建设是否受到应有的重视也不容忽视。

教学资源方面：需考量教学设施是否配备齐全，像实验室以及实习基地能否契合教学方面的各项需求；再者，要关注图书馆资源是不是足够丰富，被利用的程度高不高；另外，信息化教学资源有没有得到较为充分的运用也是考察点。

教学管理以及质量保障方面：需关注教学管理制度是否健全以及执行是否到位；要留意教学质量监控体系是否完备，还有评估及反馈机制是否能切实发挥效用；要考量教学改革与创新是不是真的取得了实际成效。

学生发展方面：需考查学生学习成果是否达成预期目标；要关注学生创新能力以及实践能力有没有得到切实有效的培养；留意学生综合素质是否实现了较为全面的提升；同时要考量毕业生就业质量及其在社会上的认可度究竟高不高。

高校在社会服务以及做出贡献方面：需考量其是否积极投身到地方经济和社会发展进程当中；还要看高校在文化传承以及创新上，是否收获了较为显著的成果；另外，社会培训以及继续教育有没有得以有效开展，这也是需要关注的方面。

高校的国际化水平体现在多个方面：比如是否积极去开展国际方面的合作以及交流活动，国际化课程的建设能不能切实取得成效，还有留学生教育在规模以及质量上是否能够满足相应要求等情况。

2)确定原则

关键原则在于聚焦影响人才培养质量的关键问题，也就是所谓的“牛鼻子”问题。如“课堂教学改革”，某所高校就因“研讨式教学课程所占比例还不到30%”，被给出改进建议。

诊断性原则的实施需运用“目标—现状—差距”这样的分析框架。如某医学院校的“临床教学基地建设”相关指标，专家组参照医学教育标准展开分析，进而提出像“床边教学标准操作流程缺失 ”的问题。

前瞻性原则重点在于对数字化转型这类正蓬勃发展的新兴领域予以充分关注。如某交通大学凭借着成功构建“VR 轨道交通实训系统”这一举措，而被列入到示范案例之中。

3)实施路径

考察要点的实施路径如下。

多维数据的采集工作：会建立一个由“教学基本状态数据库 ”、专项调研以及随机抽检共同组成的数据矩阵。在某次评估活动期间，专家组专门调取了近 3 年来多达 128 门课程的视频监控方面的数据资料，进而针对教师提问的频次以及学生参与度这二者之间所存在的相关性展开细致分析。

证据的三角验证：是运用“文档审查、人员访谈以及现场观测”这一三角互证的方法来开展的。如核查“毕业论文质量”，须将盲审意见、指导教师记录以及答辩现场录像这 3 类材料相互对照。

增值评价的应用方面：引入了“输入—过程—输出 ”这样的增值模型。如江苏的某所高校，把新生入学时的成绩和毕业能力测评的数据做了一番对比，由此得以证实，该校在人才培养方面所体现出来的“附加值”，相较于同类院校而言，要高出 13.6%。

典型考察方法案例：课程教学观察环节，专家组运用了“3×3 听课法”。每位专家会去听 3 门不同的课程，并且针对每一门课程都要连续听 3 次，主要目的在于对教学改进方面的情况予以重点考察。在某所 985 高校开展的大学评估活动当中，通过运用这一听课方法，专家发现有 32%的教师存在“课堂互动形式化”的问题。

毕业生能力测评方面：采用 CLA＋这类标准化测评工具来对批判性思维等核心素养加以测量。某所属于“双一流”范畴的高校，其测评情况表明，学生的“复杂问题解决能力”这一项，相较入学之时，得分提升了 28%，但该校学生的“跨文化沟通能力”仅仅提高了 9%。

资源使用效率审计：借助物联网传感器来对实验室、图书馆之类的场所展开使用数据的采集工作。某一所位列“双一流”建设行列的高校，其某实验室的“设备使用率”情况出现了明显变化，在评估之前，该实验室的设备使用率仅为 41%，而经过整改之后，这一数据已然提升到了 76%。

三、评估指标体系的应用

本科教育教学审核评估指标体系不单单是用于评估高校教育教学质量的一种工具，同时也是高校展开自我改进以及谋求发展的重要依据。高校需要参照评估指标体系提出的各项要求，紧密结合自身当下的实际状况，进而去制定出既科学又合理的发展规划，从而清晰明确改进的方向以及需要完成的重点任务。

高校可将评估当作契机，凭借它来细致梳理教育教学工作中存在的各类问题以及不足，进而拟定出具备切实可行性的改进办法。就拿师资队伍建设来讲，其中若存在薄弱之处，高校不妨借助引进高层次人才、强化教师培训等途径，以此促使师资队伍的整体水平得以提升。

注重特色方面的发展：高校需依照自身的办学定位以及所具备的优势，凸显办学特色，进而塑造出核心竞争力。地方高校要紧密结合地方经济、社会发展所产生的需求，培养出带有地方特色的应用型人才。

强化质量保障体系的构建工作：高校需更进一步完善教学质量的监控体系，同时要建立并完善教学评估以及反馈方面的机制，以此来保证教学质量能够持续得到提升。例如，高校可借助定期开展教学评估、组织学生进行评教等活动，从而及时发现并处理教学过程中出现的各类问题。

推动国际化发展进程：高校需要积极拓展国际层面的合作以及开展相关交流活动，以此来提升自身的国际化程度。若高校能够拓展和国外高水平大学的合作关系，开展联合培养方面的项目，将有助于提升学生在国际上的竞争力。

第三节　审核评估对工科专业建设的要求

一、人才培养目标与规格

工科专业人才培养目标与规格审核是评估首要关注点。工科教育所培养的，是有着扎实理论根基、具备相当实践能力以及富有创新精神的高素质工程技术方面的人才。具体来说，工科专业人才培养目标涵盖了如下层面：学生要掌握本专业领域内的基本理论知识、基础的专业知识以及必备的基本技能，同时还需拥有解决复杂工程问题的相应能力；学生应当具备良好且较为出色的工程实践能力，能够把所学的理论知识切实应用到实际的工程项目当中；学生还需具备创新精神以及团队合作方面的能力，可以在多学科构成的团队当中有效地开展工作，还能提出颇具创新性的相关解决方案。

为达成这些目标，工科专业须制定出清晰明确的培养规格。这一培养规格涵盖知识结构、能力结构以及素质结构这 3 个不同维度。就知识结构来讲，学生得掌握数学、自然科学还有工程科学等方面的基础知识，同时也要对本专业的核心知识有所掌握；在能力结构层面，学生需要具备工程实践方面的能力、创新能力以及终身学习的能力；在素质结构方面，学生应当具备优良的职业道德、较强的社会责任感以及开阔的国际视野。

审核评估针对人才培养目标与规格层面提出的要求，重点体现在多个方面：其一，要考量专业是否拟定出清晰明确的人才培养目标以及相应规格，并且该目标和规格需契合学校自身的定位以及社会实际需求；其二，要查看专业是否借助课程设置、教学方法以及实践环节等诸多途径，切实达成人才培养目标与规格；其三，要确认专业是否构建起完备的评价体系，能够定期针对人才培养目标与规格的达成状况展开评估，同时基于评估结果做出相应改进。

二、课程体系与教学内容

课程体系与教学内容属于工科专业建设的核心要素，它们对人才培养的质量有着直接的影响。一个具备科学性且合理的课程体系，是要能够较为全面地涵盖专业所需要的各个知识领域的，同时还得注重把理论和实践有机结合起来。工科专业的课程体系在通常情况下会包含公共基础课、专业基础课、专业课以及实践教学环节几个部分。公共基础课主要用于培养学生的基本素质及通用能力，像数学、物理以及外语等就属于公共基础课的范畴；专业基础课是给学生提供本专业领域当中的基本理论以及知识的，比如化工原理、概率论与数理统计以及高等数学等；专业课则是对专业领域的核心知识以及前沿技术展开较为深入的探讨，如环境分析化学、环境工程流体力学以及环境工程前沿（双语）等课程；实践教学环节涵盖了实验、实习以及毕业设计等内容，其主要作用是培养学生的实践能力以及创新精神。

教学内容的挑选以及更新工作，对于保障课程体系的有效性至关重要。工科专业所涉及的教学内容要紧紧跟随科技发展的步伐以及行业当下的实际需求，适时且灵活地将新出现的知识、崭新的技术以及全新的方法引入其中。在人工智能以及大数据技术迅猛发展的大背景之下，与之相关的课程内容就必须及时加以更新，才能够有效培养学生所应具备的现代工程技能。另外，教学内容在设置的时候，还应当关注理论和实践相互之间的紧密结合，借助案例分析、由项目来驱动以及以问题为导向等多样化的教学方法，来进一步强化学生的实际动手操作能力以及解决各类问题的能力。

审核评估针对课程体系与教学内容提出了多方面要求。就课程体系而言，要考量其是否科学合理，能不能完整涵盖专业所需知识领域，且是否契合人才培养目标。在教学内容方面，需关注其是否紧密跟随科技发展与行业需求，是否能适时更新并加以优化。在教学方法方面，要看其是否具备多样化特点，能否切实激发学生的学习兴趣以及创新能力。对于实践教学环节，则要考察其是否足够充裕，是否可以有效培养学生的实践能力和团队合作精神。

三、师资队伍与教学资源

师资队伍与教学资源属于工科专业建设的关键保障要素，它们对教学质量以及人才培养成效有着直接的影响。一支具备较高素质的师资队伍，应当拥有丰富多样的学术背景，同时还有充足的实践经验，这样才能给予学生高品质的教学服务与专业指导。工科专业的教师，或者持有博士学位，或者具备高级职称，并且要在本专业所涉及的领域当中展开较为深入的研究工作，最好还能积累起丰富的工程实践方面的经验。此外，教师还需要拥有良好的教学能力，秉持优良的师德师风，要能够凭借多样化的教学手段来激发学生的学习兴趣，促使学生的创新精神得以有效激发。

教学资源作为支撑教学活动的关键根基，涵盖了诸如实验室、图书馆、计算机设备以及网络资源等诸多方面。工科专业配备较为先进的实验设备与仪器，方能契合教学以及科研方面的种种需求。实验室得具备妥善的安全管理与维护体系，进而保障实验教学能够得以顺利开展。图书馆需要供应充裕的专业书籍、期刊，连同电子资源以及数据库等，以此来支撑学生展开自主学习与研究活动。计算机设备和网络资源应当满足学生在编程、仿真以及数据分析等方面的需求，从而为现代工程技术的教学与实践提供有力支持。

审核评估针对师资队伍与教学资源这两方面，主要体现在如下几个层面：要考量师资队伍的数量还有其结构是不是合乎常理，能不能契合教学以及科研方面的种种需求；评判教师的学术背景与实践经验是否足够丰富，是不是拥有不错的教学能力以及良好的师德师风；审视教学资源够不够充裕、够不够先进，能否对高质量的教学与科研活动予以有力支持；查看实验室、图书馆以及计算机设备等这类教学资源的管理与维护机制完不完善，能否保证教学活动顺利进行。

四、质量保障与持续改进

质量保障与持续改进，能够切实保障专业教育质量一直处在不断提升的态势之中。质量保障体系理应涵盖内部质量监控和外部评估两个方面。

就内部质量监控而言，其主要是借助教学督导、学生评教以及课程评估等诸多手段，针对教学过程以及教学效果展开实时的监控操作，并且给予相应的反馈信息。教学督导通常由有着丰富经验的教师或者专家来共同组成，他们会依照一定的周期，对课堂教学、实验教学以及毕业设计等各个环节逐一进行细致的检查，同时给予针对性的指导；学生评教则是通过开展问卷调查或者组织座谈会等具体形式，广泛收集学生对教学内容、教学方法以及教师表现的各种各样的意见及建议；课程评估是通过对课程目标、课程内容以及教学效果进行全面深入评估，精准发现课程中存在的问题，进而实现有效改进。

外部评估借助专业认证以及第三方评估之类的方式，来对专业教育质量予以客观的评判。专业认证由行业里颇具权威性的机构或者专业协会来开展，主要考量专业在多大程度上契合行业标准以及人才培养方面的各项要求；第三方评估则是由独立的教育评估机构来开展的，主要针对专业的教学质量、科研水平还有社会声誉等方面加以评估。外部评估所得到的结果能够为专业建设提供极为关键的参考依据，并且还能指明改进的大致方向。

持续改进机制的作用在于促使专业教育质量能够不断地获得提升。持续改进机制主要涵盖定期评估、反馈以及改进这 3 个环节。就定期评估来讲，借助内部质量监控以及外部评估的方式，可以从中发现专业建设方面存在的各类问题与不足。而反馈环节是通过教学督导、学生评教以及课程评估等多种手段，把评估所得到的结果与相关的改进建议传达给对应的教师以及管理人员。改进环节则是依靠制订并施行改进计划，以此来处理在评估过程中所发现的问题，进而达到提升专业教育质量的目的。

审核评估针对工科专业建设所提出的要求涉及人才培养目标及规格、课程体系还有教学内容、师资队伍以及教学资源、质量保障与持续改进等诸多方面。借助科学且合理的审核评估方式，能够切实提升工科专业的教育质量，也能让人才培养效果得以增强，进而满足社会与行业的各类需求。往后，工科专业需要持续强化审核评估方面的相关工作，不断对专业建设加以优化，从而培养出数量更多的高素质工程技术人才。

第三章　地方高校工科专业建设现状

第一节　地方高校工科专业发展概况

随着我国高等教育的快速发展和产业结构的不断升级，地方高校工科专业在区域经济社会发展中扮演着越来越重要的角色。作为培养应用型工程技术人才的重要基地，地方高校工科专业的发展质量直接影响着区域产业转型升级和创新驱动发展战略的实施效果。然而，与重点高校相比，地方高校工科专业在资源获取、师资力量、科研水平等方面仍存在较大差距，面临着诸多发展困境。

一、发展历程与现状

地方高校工科专业的发展进程大体上划分成3个时期，分别是初创时期、扩张时期以及优化调整时期。

在初创时期，地方高校所设立的工科专业基本上是以契合地方工业化方面的需求作为导向的，机械、土木、电气这类传统工科专业在此时开始设置。此阶段专业设置的种类单一，而且人才培养的模式同样也显得较为简单、不够丰富。

当进入扩张阶段之后，伴随着高等教育大众化进程不断往前推进，再加上地方经济也呈现出快速发展的态势，地方高校的工科专业便迎来了其快速扩张的时期。不少高校纷纷增设了像计算机、电子信息以及生物工程这类新兴的工科专业，专业的数量以及招生的规模都有了大幅度的增加。不过，在这一时期所出现的这种快速扩张的情况，同时也引发了一些问题，比如师资力量不足、教学资源紧张等。

当下，地方高校所设立的工科专业恰好处于优化调整阶段。在面对产业结构不断升级以及创新驱动发展所带来的一系列新要求之时，地方高校已然开始关注专业内涵方面的建设工作，并且积极地去推动专业结构的调整与优化。一方面，地方高校对相对落后的专业予以淘汰处理，同时也会对重复设置的专业开展整合行动；另一方面，依据区域产业发展的实际需求，地方高校还会增设诸如人工智能、大数据、智能制造等新兴交叉学科专业。同时，地方高校在人才培养模式方面也越发注重创新举措的实施，积极地推进产学研协同育人模式的开展，进一步强化对学生实践能力的培养工作。

目前，地方高校的工科专业呈现出以下特点：其一，其专业设置同区域产业的需求贴合紧密，由此也形成了颇为鲜明的地方特色；其二，在人才培养目标方面，更加侧重于应用型以及复合型导向；其三，产学研的合作不断深化，校企协同育人的模式也在持续创新；其四，其国际化程度正逐步提升，国际合作与交流也日益频繁。不过，地方高校的工科专业目前依然面临着一些共性问题，如师资力量存在不足的情况、实践教学条件有着一定的限制、科研创新能力相对较弱等，这些情况都迫切需要进一步加以改革优化。

二、优势与特色

地方高校的工科专业于长期的发展历程之中，渐渐形成了其自身独有的优势与特色，主要表现在以下几个方面。

区域特色表现得颇为鲜明。地方高校所开设的工科专业，同其所在区域的产业结构以及资源优势紧密相连，由此构建起带有地方特色的专业体系。有些地域有着丰富的自然资源，当地高校便设置了环境类专业，沿海地区的高校开设了海洋工程类专业，资源型地区的高校设立了矿业工程类专业，制造业发达地区的高校则开办了机械制造类专业等。这样一种和区域经济紧密贴合的专业设置方式，一方面有利于培养出契合地方实际需求的应用型人才，另一方面也给地方高校工科专业的发展注入了源源不断的动力。

应用导向表现颇为突出。地方高校所开设的工科专业，一般来说都注重对应用型人才的培育工作，强调要把理论知识和实践操作紧密结合起来。有不少高校借助校企合作以及订单式培养这类方式，把产业方面的实际需求融入人才培养的整个过程之中。同时，地方高校还进一步注重对学生实践能力的培养与提升，通过采取一系列措施，比如大力加强实验室的建设工作、适当增加实践教学在整体教学中所占的比重、积极开展创新创业方面的教育活动等，以此来有效提高学生的工程实践能力，同时也进一步增强学生的创新意识。

产学研之间的结合紧密。地方高校所设立的工科专业能够充分借助其所处的区位优势，十分积极地同地方政府以及各类企业展开产学研方面的合作。一方面，借助共同建设实验室、搭建工程技术中心等诸多平台，以此推动科研成果实现转化；另一方面，依靠校企联合开展培养工作、着力进行双师型教师队伍的建设等一系列方式，促使人才培养的质量得以提高。这种紧密程度颇高的产学研合作模式，既为地方高校工科专业在发展进程中给予了资源层面的有力支持，同时也使其服务地方经济社会发展的能力得到了进一步的强化。

人才培养模式呈现出灵活且多样的特点。地方高校工科专业于长期的实践进程之中，摸索出了不少特色颇为鲜明的人才培养模式。举例来讲，部分高校推行所谓的“3＋1”培养模式，具体而言就是安排学生进行 3 年的校内学习，再加上 1 年的企业实践活动；还有些高校实施“卓越工程师培养计划”，针对工程实践能力展开培养工作；另外，高校积极开展“新工科”建设，大力推动学科之间的交叉与融合，致力于培养出复合型的创新人才。上述这些灵活多样的人才培养模式，切实有效地提升了地方高校工科专业人才培养的质量水平。

三、问题与挑战

虽说地方高校的工科专业于发展进程里获取了一定的成绩，其依旧面临着不少问题及挑战，这些主要在如下几个方面有所展现。

师资力量存在欠缺的情况。地方高校的工科专业，普遍有着高层次人才匮乏以及师资队伍结构不够合理等诸多问题。一方面，由于受到地理位置、办学条件等多种因素的束缚，地方高校在吸引和留住高水平学科带头人方面着实存在困难；另一方面，青年教师所占的比例偏高，并且他们缺乏工程实践方面的经验，所以难以契合应用型人才培养的实际需求。此外，双师型教师队伍的建设同样遇到了不少的难题，这对产学研协同育人工作的深入推进起到了制约作用。

实践教学环节存在明显的薄弱之处。地方高校工科专业的实践教学条件有限,很难充分满足不断增长的实践教学需求。不少高校内部的实验设备显得颇为陈旧,而且更新的速度极为缓慢,根本无法跟上产业技术持续发展前进的步伐。同时,在校外实践基地的建设工作上也碰到了许多困难,比如企业参与其中的积极性并不是很高,另外实践内容和专业培养所设定的目标之间还存在脱节的情况等。上述这些问题综合起来,使得学生在工程实践能力的培养上仍有所欠缺。

学科交叉融合不足的情况较为明显。在新工科建设不断推进这样的大背景之下,学科交叉融合已然变成了工科专业发展进程中极为重要的一种趋势。不过,地方高校的工科专业在学科交叉融合方面依旧碰到了不少难题。一方面,传统学科专业所形成的壁垒要想打破并非易事,而且跨学科合作的相关机制并不完善;另一方面,缺乏较高水平的交叉学科平台以及团队。因此,要想开展具有一定深度的跨学科研究以及人才培养工作就显得颇为困难。这些方面存在的问题,对地方高校工科专业的创新发展起到了限制的作用,无法立即适应新兴产业在复合型人才方面所提出的需求。

科研创新的能力表现得不够强。相较于重点高校而言,地方高校工科专业在科研方面的基础相对薄弱,在承担重大的科研项目时往往会面临困难。因为缺少高水平的科研团队以及相应的科研平台,科研成果转化成实际应用的比例处于较低水平,其服务地方经济社会发展的能力也受到了一定的限制。再者,地方高校所采用的科研评价体系同样存在一些问题,存在着过于看重论文数量却对实际应用价值有所忽视的情况,难以切实有效地激发出教师开展科研创新活动的积极性。

第二节　地方高校工科专业建设存在的主要问题

地方高校在我国高等教育体系里占据重要的一席之地,肩负着为地方经济社会发展培养应用型人才的重大职责。在工科专业建设期间,随着国家对高等教育的重视程度日益提高,教育政策不断得到完善,资源投入也持续在优化,地方高校工科专业建设收获了颇为显著的成效,不过当下依旧存在一些迫切需要去解决的问题。这些问题一方面对工科专业的发展起到了限制作用,另一方面也对人才培养的质量产生了影响。其中,人才培养目标的定位不是特别清晰,课程体系以及教学内容的更新较为滞后,师资队伍的结构和水平有待进一步提升,实践教学条件与资源都相对欠缺,质量保障体系也不够完备,这些方面的问题显得格外突出。这些问题的存在既制约着工科专业往内涵式方向发展,也影响着应用型人才培养质量往更高层次提升。

一、人才培养目标定位不够清晰

人才培养目标的定位不够明晰,已然成为当下地方高校工科专业建设过程里一个突出的问题。诸多地方高校在制定工科专业人才培养目标之际,常常会呈现出同质化的倾向,针对性有所欠缺,特色也不够鲜明,难以契合区域经济发展以及产业转型升级之时对人才所提出的多样化需求。这种不够清晰明确的目标定位,使得人才培养的整个过程缺失了明晰的方向指引,进而对毕业生的就业竞争力以及职业发展潜力都产生了一定的影响。

人才培养目标定位不够清晰这一状况的出现，其背后原因较为多样。部分地方高校对于自身究竟该如何办学，在定位方面的认识存在欠缺，往往只是盲目地去模仿重点高校的人才培养模式，在此过程中，却忽视了地方自身所具有的特色以及自身所拥有的优势资源。高校和产业界之间的关联并没有达到紧密的程度，对于行业发展的趋势以及人才方面的需求，缺乏透彻的了解，便使得人才培养目标和实际的需求出现了脱节的情况。而且，还有一些地方高校在制定人才培养目标时，缺乏应有的系统性以及前瞻性，对于科技不断进步以及产业发生变革所带来的种种影响，没能做到充分地去考虑。

人才培养目标若是定位不够清晰，会给专业建设以及学生发展带来诸多不利影响。就专业建设而言，目标定位模糊不清，课程设置、教学内容以及教学方法的改革就会缺失明确的导向，特色与优势也就难以形成。从学生发展方面来看，人才培养目标不清晰，很可能致使学生学习方向不明晰，其知识结构与能力培养和市场需求不相匹配，进而影响到他们的就业竞争力以及职业发展。

二、课程体系与教学内容更新滞后

课程体系与教学内容的更新呈现出滞后的状况，这已然成为地方高校工科专业建设过程中又一个迫切需要去解决的难题。处在科技飞速发展且产业持续升级这样的大背景之下，不少地方高校所设置的工科课程体系连同其教学内容都没能做到及时更新，便很难契合新时代对于工程技术人才所提出的各项要求。这种滞后的情况主要表现在多个方面，比如课程结构安排得并不合理，所涉及的教学内容显得陈旧，而且理论方面与实践环节出现了脱节的现象，这些情况对人才培养的质量产生了极为严重的影响。

课程体系与教学内容出现更新滞后的情况，其背后的原因是多方面的。就部分地方高校而言，它们对课程建设并未给予足够的重视，而且缺乏一套系统完备的课程更新机制。教师队伍所具有的知识结构以及能力更新的速度，都无法跟上科技发展以及产业变革所迈的步伐，如此教学内容难以做到与时俱进。此外，高校和企业之间的合作程度也不够，难以在第一时间获取行业内最新的技术以及发展动态，而这同样也是致使课程内容出现滞后情况的一个重要原因。

课程体系以及教学内容的更新处于滞后状态，这对教学质量以及学生能力的培养造成了颇为严重的影响。陈旧的课程体系还有教学内容，不但难以激起学生的学习兴趣，而且也无法契合现代工程实践对人才知识结构以及能力所提出的种种要求。学生的专业素养培养以及创新能力培养受到了影响，毕业生的就业竞争力也被降低了。所以，加速课程体系和教学内容的更新，已然变成了提升地方高校工科专业建设质量的紧要之事。

三、师资队伍结构与水平有待提升

1. 师资队伍结构不合理

地方高校工科专业的师资队伍，其结构常常存在不合理的状况。高学历以及高职称教师所占的比例相对偏低，与之相反，青年教师的比例却显得过高。地方高校所处的区位优势并不显著，在这样的情况下，要吸引高水平的学术带头人和资深教授着实存在困难。师资队伍当中缺少具备丰富教学经验以及科研能力的领军式人物。再者，工科专业有着跨学科的特点，这就要求教师得具备多学科的背景，然而地方高校的师资队伍学科背景通常较为单一，很难满足跨学科开展教学以及科研方面的种种需求。

2. 教师科研能力不足

地方高校工科专业的诸位教师，其科研能力大多处于相对薄弱的状况，所拥有的科研项目以及取得的成果数量均比较少。其中一方面的原因在于，地方高校所搭建的科研平台以及所具备的资源存在一定局限，难以对高水平的科研活动给予有力的支撑；另一方面，地方高校的教师常常肩负着颇为繁重的教学任务，他们很难抽出足够的时间以及充沛的精力全身心投入到科研工作当中。教师科研能力方面存在的这种不足情形，不但对教师自身的职业发展进程产生了影响，而且还对工科专业的学科建设以及人才培养的质量水平起到了制约作用。

3. 教师工程实践经验缺乏

工科专业自身所具备的特点，使得教师必须拥有扎实的理论知识，与此同时，丰富的工程实践经验必不可少。目前就地方高校的教师情况来看，大部分教师都是在从高校毕业之后，便直接踏入了教学岗位，他们在企业或者工程一线进行实践的经验是相当匮乏的。教师在开展教学活动之时，就很难把理论和实践非常自然地融合到一起，对学生实践能力的培养产生了不利的影响。

4. 教师培训与发展机制不完善

地方高校在针对教师开展培训以及推动教师职业发展上，所投入的资源相对比较欠缺，而且也并未构建起一套系统完备的教师职业发展规划方案和与之相匹配的培训机制。不少教师在从事教学工作以及开展科研活动的过程中，都碰到了一些难以突破的瓶颈问题，有时因为缺乏行之有效的培训举措以及专业的指导意见，所以很难突破自身能力所设置的种种局限。另外，地方高校在设立教师激励机制这一方面，同样存在不足，无法充分地将教师的积极性以及创造性都调动起来。

四、实践教学条件与资源相对不足

1. 实验室建设滞后

实验室是工科专业开展实践教学的极为重要的一处场所，地方高校实验室建设常有时赶不上专业发展所提出的需求。经费投入不足，不少地方高校的实验室设备显得颇为陈旧。并且，实验室在管理以及维护方面同样也暴露出了一些问题，这些问题致使设备的利用率比较低，对实践教学的效果产生了不小的影响。

2. 实习基地建设不足

实习是工科专业学生把所学到的理论知识运用到实际操作当中的重要环节。然而，地方高校在进行实习基地建设这项工作的时候，碰到了不少的困难。地方高校和企业之间的合作机制不完善，正因如此，不少企业不太乐意接收学生去开展实习活动，进而造成实习基地的数量比较欠缺，而且实习内容也显得颇为单一，这样就很难满足学生在实践方面的种种需求。与此同时，地方高校在实习管理方面也存在一些问题，比如缺乏行之有效的监督以及评估方面的机制，因此实习所能够达到的效果并不是很理想。

3. 实践教学资源分配不均

地方高校在实践教学资源分配方面，常常呈现出不均衡的状况。部分热门专业通常能得到相对较多的资源支持，然而，一些相对冷门的专业却面临资源相对匮乏的困境。这种资源分配不均的现象，一方面对冷门专业自身的发展产生了诸多不利影响，另一方面也在很大程度上限制了学校整体实践教学水平的有效提升。

4. 实践教学与理论教学脱节

地方高校在实践教学和理论教学相互结合这个方面存在不足。诸多实践教学内容跟理论课程之间并没有建立起有机的联系，学生在参与实践活动的时候，很难把所学到的理论知识运用到实际碰到的各类问题当中去。并且，实践教学所采用的考核方式显得较为单一，常常只是侧重于最终的结果，却对整个实践过程有所忽视，很难对学生的实践能力展开全面且准确的评估。

五、质量保障体系不够完善

1. 教学质量监控机制不健全

地方高校于教学质量监控上仍缺少一套系统完备的教学质量评估机制。诸多地方高校开展教学质量监控工作时，主要依靠的是学生评教和教学督导两种方式。这两种方式常流于表面，无法全方位反映教学质量的真实状况。另外，地方高校在教学质量反馈机制方面同样存在不少问题，因此，在教学过程中出现的各类问题就很难被及时发现并得到有效解决。

2. 课程设置与市场需求脱节

地方高校工科专业所设置的课程常常会和市场的实际需求出现脱节的情况，无法很好地满足相关行业对人才所提出的种种需求。不少地方高校在进行课程设置的时候过于偏向理论层面，既缺少实践方面的内容，又缺乏前沿领域的相关知识。再者，地方高校在课程更新上同样存在着滞后的问题，很难及时地对课程内容做出调整，难以适应行业技术不断发生的变化。

3. 学生评价体系单一

地方高校所设立的学生评价体系常常呈现出过于单一的状况，它主要依赖考试成绩来开展评价工作，忽视了对学生实践能力、创新能力以及综合素质的评价。这样单一化的评价体系，一方面难以做到全面且准确地反映出学生所具备的各项能力，另一方面还对学生的学习积极性以及创造性产生了不良影响。

4. 外部质量评估机制缺失

地方高校在关乎外部质量的评估上存有不足，缺乏来自行业以及企业层面所设立的外部评估机制。众多地方高校开展质量评估工作时，主要依靠教育主管部门来施行相关评估操作，这些由教育主管部门所开展的评估，通常会把侧重点放置在硬件设施状况以及科研所取得的成果方面，对人才培养的实际质量状况以及毕业生就业情形的评估有所忽视。再者，地方高校在与社会以及行业展开互动交流上仍有缺失，难以获取有效反馈信息和助力改进的相关建议。

此外，地方高校在深化教育教学改革、加强产学研合作以及创新人才培养模式等方面仍需持续发力。与此同时，政府也需进一步加大对地方高校工科专业建设的支持力度，积极搭建高校与企业深度合作的桥梁。多方协同努力，不断提升地方高校工科专业建设水平。

第四章　基于审核评估的地方高校工科专业建设路径

第一节　明确人才培养目标，突出特色发展

在地方高校工科专业的建设当中，明确人才培养目标是首要任务。人才培养目标不仅是专业建设的起始点，它同时还是衡量教育质量的一个重要标准。地方高校须结合所在区域经济社会发展的实际需求情况，凝练出专业自身的特色以及优势所在，制定出科学合理的人才培养方案，达成人才培养和社会需求之间能够有效对接。

一、对接区域经济社会发展需求

地方高校所设立的工科专业，其建设工作要同区域经济社会发展的各项需求紧密对接。这是地方高校履行服务地方经济之责，助力推动区域发展的使命所在。唯有精准把握好区域经济所呈现出的特点以及其未来的发展走向，才能够培育出契合社会实际需求的、具备高素质的工程技术方面的人才。

地方高校须对区域经济结构以及产业布局展开细致调研，明确区域当中的主导产业情况、新兴产业的发展态势，以及未来具备发展潜力的产业状况。如在某个以制造业为主导产业的区域，地方高校所开设的工科专业便应当去培养在机械制造、自动化以及材料工程等多个方面的专业人才。如果在区域内出现了新兴的信息技术产业，高校就得进一步强化计算机科学与技术、软件工程等相关专业的建设工作。这样高校才能够切实保障人才培养的方向和区域经济的实际需求相契合，防止出现人才培养与市场需求脱节的情况。

地方高校需强化同地方政府以及企业之间的合作关系，进而构建起产学研协同创新的相关机制。在和企业开展合作之时，高校能够及时知晓企业对人才所提出的具体需求状况，据此对课程的设置安排以及教学的具体内容加以调整，以切实保证学生可以掌握最为新颖的技术以及相关技能。此外，高校还能够凭借与企业携手共同创建实验室、实习基地这类方式，给学生创造出更多的实践契机，以此来强化他们实际动手操作的能力以及创新方面的能力。

地方高校同样需要对区域经济发展的长期规划予以关注，对未来有可能出现的全新经济增长点以及产业转型走向加以预测。随着绿色经济与可持续发展理念不断普及，像新能源、环保技术这类领域势必会成为日后极为重要的发展趋向。地方高校需要提前做好相关布局安排，开设与之对应的专业或者课程，着力培养拥有绿色技术且秉持可持续发展理念的工程技术方面的人才，为区域经济实现转型升级提供智力层面的有力支持。

二、凝练专业特色与优势

在地方高校工科专业建设领域中对专业特色与优势加以凝练，是提升专业竞争力的关键点。地方高校往往存在资源相对不那么充裕的情况，无法如同重点高校一般全方位地去铺开各项建设工作。所以，地方高校就必须把资源集中起来，精心打造带有区域特色并且具备学科优势的专业，从而让自身形成一种核心竞争力。

地方高校需要依据自身的办学历史和学科基础条件，来明确工科专业的未来发展走向。每所高校其实都具备独属于自己的办学传统特色以及学科方面的优势，地方高校应当全面且充分地利用好这些优势资源，进而打造出具有鲜明特色的专业。如某一所地方高校在机械制造这个领域当中，有着悠久的办学历史，同时师资力量也比较雄厚，那么这所高校便应把机械工程专业作为重点发展的方向，集中各类资源开展建设工作，从而在该领域之中占据优势地位。

地方高校需要充分结合区域经济所呈现出的特点，着力打造带有鲜明区域特色的工科专业。区域经济自身所具备的独特性，实实在在地为地方高校赋予了能够实现差异化发展的契机。若某一区域是以农业作为主导产业，那么地方高校便可以紧紧围绕农业机械以及农产品加工等诸多领域，开设与之相关的工科专业，从而培养出具备农业工程技术相关背景的专业人才。这样一种紧密结合区域经济特点所开展的专业建设工作，一方面能够很好地满足区域经济在发展过程中所产生的各种需求，另一方面还可以促使高校形成属于自己的独特优势，进而有效增强相关专业所具有的吸引力。

地方高校也需要关注学科方面的交叉融合，倾力打造跨学科性质的工科专业。在当下科技飞速发展的大环境下，仅依靠单一学科所涵盖的知识，已然无法满足解决复杂工程问题所提出的各项要求，跨学科的人才培养工作逐渐成为必然。地方高校其实是能够凭借着对校内各类资源加以整合的方式，去开设智能制造、生物医学工程等跨学科的工科专业的，以此来培养出具备多学科知识背景的复合型人才。跨学科的专业建设模式，一方面能够促使学生的综合素质得以提升，另一方面还可以让自身的专业竞争力得到进一步的强化。

地方高校于工科专业建设期间，需要对专业特色以及优势加以凝练。可凭借结合所在区域经济方面的特点，推动跨学科展开融合，并且朝着国际化方向谋求发展等多种途径，倾力打造出具备核心竞争力的工科专业，进而促使该专业的吸引力以及影响力都能够得到有效提升。

三、制定科学合理的人才培养方案

制定出科学且合理的人才培养方案，这是地方高校工科专业建设当中的基础。人才培养方案，就是高校达成人才培养目标所依循的具体途径，它和学生的知识结构、能力素质以及未来发展都有着直接且紧密的关联。地方高校制定人才培养方案之时，要周全地考虑到区域经济社会发展的种种需求、专业自身所具备的特色与优势，还有学生在个性化发展方面的诸多需求，只有这样，才能切实保证所制定出来的方案具备应有的科学性以及合理性。

地方高校需要依据区域经济社会发展的实际需求，来对课程设置加以优化。课程设置是人才培养方案当中极为关键的核心内容，它能够直接对学生的知识结构以及能力素质起到决定性的作用。地方高校在进行课程设置工作的时候，充分考量区域经济所具有的特点以及其未来的发展趋势，要保证所设置的课程内容和区域经济的实际需求是相互契合、保持一致的状态。倘若某一个区域是以信息技术产业作为主导产业的，那么该区域的地方高校所开设的工科专业可以进一步强化有关计算机编程、数据分析以及人工智能等方面课程的设置力度，来确保学生能够切实掌握到最新的信息技术以及相关技能。

地方高校需要关注实践教学这一环节，着力强化学生的实践能力。工科专业自身所具备的特点，已然决定了实践教学在培养人才方面的重要意义。地方高校应当借助实验课程、实习实训以及毕业设计等诸多环节，进一步增强学生实际开展操作的能力以及创新方面的能力。与此同时，高校也能够通过和企业展开合作，建立实习基地，从而给学生创造出更多的实践契机，保证他们在学校就读期间可以接触到实实在在的工程方面的问题，以此来提升其解决实际问题的能力。

地方高校也需要关注学生的个性化发展状况，并且要给出多样化的培养路径选择。每一个学生的兴趣爱好、自身能力以及职业规划等方面其实都存在着差异，所以地方高校理应依据学生的这些个性化需求来给出多样化的培养方案。如高校能够设定不同的专业方向，这样学生就可以依照自身的兴趣去做出选择；高校还能够通过开设选修课程、设置微专业之类的方式，以此拓展学生的知识层面，进而满足他们在个性化发展方面的诸多需求。

地方高校要关注人才培养方案的动态调整，保证其能跟得上时代发展的步伐，人才培养方案相应地也需要不断加以调整与优化。地方高校需构建起人才培养方案的动态调整相关机制，要定期针对该方案展开评估以及修订方面的工作，保证其可以契合区域经济社会发展所呈现出来的全新需求以及崭新趋势。

第二节　优化课程体系，更新教学内容

一、构建“通识教育＋专业教育＋实践教育”课程体系

在地方高校工科专业的建设进程当中，课程体系的优化是提升人才培养质量的焦点。随着社会对工科人才需求的不断变化，传统的课程体系已经很难满足现代工程教育所提出的种种需求。因此，构建一个把通识教育、专业教育以及实践教育融合起来的三位一体式的课程体系，就变成了地方高校在工科专业建设方面的一条重要路径。这样的一个课程体系，一方面能够助力学生筑牢相当坚实的理论根基，另一方面还可以培养学生解决实际工程当中遇到问题的能力，还能够对学生的综合素质以及创新能力起到很好的提升作用。

1. 通识教育：夯实基础，拓宽视野

通识教育是构成高等教育的根基所在，其主要着眼于培养学生的综合素质，同时培养学生的跨学科思维能力。就工科专业而言，通识教育所涉及的范畴，并非仅局限于人文社科类课程，自然科学以及工程技术基础等方面的内容也应当被囊括其中。借助通识教育这一途径，学生能够进一步拓宽自身的知识面，而且能够强化对社会、文化、科技等诸多领域的认知与理解，能够为后续开展的专业学习以及未来的职业发展奠定坚实基础。

在人文社科类课程设置方面，工科学生大多侧重于技术方面的学习，而对人文素养的培养有所忽视。在现代工程实践活动当中，仅仅具备技术能力是远远不够的，良好的沟通能力、团队协作能力以及社会责任感同样不可或缺。鉴于此，地方高校有必要在通识教育板块设置诸如哲学、历史、文学、艺术这些人文社科类的课程，以此来助力学生树立起正确的价值观，对学

生的批判性思维以及创新能力加以培养。

在自然科学基础课程设置方面，工科专业的学习必然是离不开数学、物理以及化学等自然科学方面的基础的。地方高校着实应当对这些课程的教学内容加以优化，要尤为注重理论同实践的结合，助力学生更好地掌握基本的科学原理以及相应的方法。在数学课程中增添一些和工程应用相关联的内容，如数值计算、优化算法之类的；而物理课程，则可以引入工程力学、电磁学等这一类和工科专业联系极为紧密的知识点。

在跨学科课程设置方面，当代的工程方面的诸多问题常常会牵涉多个不同的学科领域范围。所以，地方上的高校有必要在其开展的通识教育环节当中去设立一些跨学科性质的课程，如工程伦理方面的课程、环境科学相关的课程，还有创新管理之类的课程等。这些课程是能够助力学生从多个不同学科的角度去剖析问题，进而可以培养学生综合运用各类知识的相应能力。

2. 专业教育：强化核心，突出特色

专业教育在工科课程体系里处于核心地位，其作用在于让学生能够很好地掌握本专业的核心知识以及相关技能。地方高校需要结合区域经济发展的实际需求，再考虑学校自身所具备的特色，对专业课程设置加以优化，要让专业特色更加凸显，同时把核心课程的教学进一步强化。

在核心课程建设方面，专业教育是以核心课程作为基础的，地方高校需要依照工程教育认证标准以及行业方面的需求，对核心课程所涉及的教学内容加以优化。拿环境工程来看，要强化环境工程微生物学、大气污染控制工程、水污染控制工程这类属于专业核心范畴的课程；关于机械工程专业，则要着力强化机械设计、材料力学、控制工程等这些核心课程；至于电子信息工程专业，得注重电路分析、信号处理、嵌入式系统等相关课程的教学工作。与此同时，在开展核心课程教学的时候，要注重将理论和实践紧密结合起来，引入诸如案例教学、项目驱动这类教学方法，以此来助力学生更好地理解专业知识。

在特色课程开发方面，地方高校需要依照区域经济发展的实际需求以及学校自身所具备的优势，来开发带有特色的专业课程。处在制造业颇为发达地区的高校，便能够开设智能制造、工业机器人这类的课程；而位于信息技术产业大量集聚地区的高校，则可以开设诸如大数据分析、人工智能等方面的课程。另外，处于自然资源比较丰富地区的高校，还可以开设与生态保护、可持续能源相关的一些课程。借助特色课程的建设工作，地方高校是有能力培养出契合区域经济发展需求的特色人才的。

在前沿课程引入方面，科技飞速发展之际，新兴技术持续冒头。地方高校理应把前沿技术适时引入专业教育当中。能够开设物联网、区块链、新能源技术这类的前沿课程，以此助力学生知晓行业的最新状况，培养他们的创新本领以及适应新兴技术发展的能力。

3. 实践教育：注重应用，提升能力

实践教育在工科课程体系里占据重要地位，其主要作用在于培养学生在工程实践方面的能力以及创新方面的能力。地方高校需要借助实验教学、实习实训、毕业设计等诸多不同的形式，去搭建起具有多层次、多种类型特点的实践教育体系。

实验教学构成了工科专业实践教育的根基所在，地方高校需要强化实验室建设工作，对实验设备予以更新换代，同时促使实验教学内容得以优化。实验教学对于学生动手能力以及创新思维的培养，要削减验证性实验的占比，相应地增加设计性、综合性实验的数量。可以设立开放性的实验项目，以此来鼓励学生自主设计实验方案，进而凭借自身能力去解决实际存在的各类问题。

实习实训无疑是学生接触实际工程问题的一条极为重要的路径。地方高校着实应当进一步强化和企业之间的合作关系，从而建立起稳固可靠的实习基地，以便能够给学生高质量的实习契机。实习所涉及的内容要紧密地同专业课程相互结合起来，要对学生的工程实践能力以及职业素养开展培养工作。可以妥善安排学生参与企业所开展的实际项目当中去，使其能够深入了解工程项目的完整流程，进而促使其解决实际问题的能力得以有效提升。

毕业设计是工科专业实践教育里极为重要的一个环节。地方高校得加强对毕业设计的管理工作，要保证毕业设计的质量达到应有的水准。毕业设计在选题方面，要紧密贴合工程的实际情况，得把重心放在培养学生综合运用知识的本事以及创新能力之上。可鼓励学生积极参与到教师所负责的科研项目当中去，或者让学生和企业展开合作来完成毕业设计，通过这样的方式，进而提升学生的科研能力以及工程实践能力。

创新创业教育是实践教育体系中的重要组成部分。地方高校须采取一系列行之有效的举措来培养学生的创新创业能力，比如开设专门的创新创业课程，积极举办各类创新创业竞赛，还可以建立创新创业基地等。如设置创新创业学分，通过这样的方式能够有效鼓励学生参与到创新创业项目当中，进而促使他们的创新意识得以提升，创业能力也能得到进一步的提高。

4. 课程体系的整合与优化

在构建由通识教育、专业教育以及实践教育共同组成的课程体系期间，地方高校需要对课程体系给予充分重视，做好该体系的整合工作以及优化工作，保证各个模块彼此之间能够实现有机衔接。

通识教育、专业教育以及实践教育彼此间需维持紧密衔接。通识教育所涵盖的数学、物理这类课程，能给专业教育筑牢根基；而专业教育里的核心课程，又能够为实践教育给予相应的理论支撑。地方高校得凭借对课程大纲的制定以及对教学计划的完善，保证各模块在内容方面的衔接。

在课程体系具体实施期间，地方高校需要创新教学方法，可以采用案例教学、项目驱动以及翻转课堂等多种多样的教学方式，来提升学生的学习兴趣，并且提高学生的参与度。如借助校企合作的方式，引入企业当中的实际案例，从而助力学生把理论知识运用到实际问题的解决上面去。

课程体系若要实现优化，科学的评价体系必不可少。地方高校有必要构建多元化的评价体系，要关注过程方面的评价以及能力方面的评价。如借助课程作业、实验报告、项目展示等多种多样的形式，从多个角度来对学生的学习成效以及实践能力予以综合评价。

二、引入新工科理念，更新教学内容

在全球科技革命不断发展以及产业结构发生深刻变化之际，新工科理念被提出，其目的就在于应对挑战，进而推动工程教育展开改革与创新。新工科一方面是学科之间的交叉融合，另一方面也极为关注对学生创新能力、实践能力以及综合素质的培养。所以，地方高校在开展工科专业建设工作之时，要引入新工科理念，同时对教学内容加以更新，这样才能更好地适应新时代的相关要求。

1. 新工科理念的内涵与特征

新工科理念最为关键的地方就在于“新”字。要凭借对教育模式加以创新，对教学内容予以更新，并且对教学方法展开改革等一系列举措，从而着力培养出具备全球视野，拥有创新精神，同时又有着较强实践能力的工程技术方面的高素质人才。而新工科所呈现出来的特征，主要在如下方面。

学科交叉融合方面，新工科敢于突破传统学科所设下的界限，推动工科和理科、工科和文科、工科和医学等不同学科相互交融结合，以此培育出复合型人才。如人工智能、大数据、物联网这类新兴的领域，全都需要依靠多种学科知识给予支撑。

创新能力的培养在新工科领域备受关注。新工科对学生创新思维以及创新能力的培养体现在推动学生在学习期间去发现各类问题，对这些问题展开分析，进而将其解决。借助项目式学习、创新创业实践等多种途径，充分挖掘学生的创新潜能。

在实践能力的提升方面，新工科极为看重理论同实践相互融合这一点，以及对学生动手能力和工程实践能力的培养。借助校企展开合作、安排实习实训活动、推动实验室建设等一系列方式，以此来促进学生实践能力的提升。

在国际化视野方面，新工科致力于培养学生具备国际化视野，以使其能契合全球化大背景之下的工程实践需求。可凭借引进国外优质的教育资源，开展各式各样的国际交流合作活动等途径，来拓宽学生的国际视野。

在综合素质的培养方面，新工科并非仅仅着眼于学生的专业知识以及相关技能，它同时也极为注重对学生综合素质的培养。这里所说的综合素质涵盖了诸多重要方面，比如团队合作能力、沟通能力以及领导能力等。通过这样全方位的培养，让学生有足够的能力去胜任未来在工程实践领域以及管理工作方面的各项任务。

2. 更新教学内容的必要性

在传统的工科教育领域当中，其教学内容常会出现滞后于科技飞速发展以及产业实际需求的情况，而引入新工科理念，对教学内容加以更新，以适应科技发展的新需求，这无疑有着极为重要的现实意义。

当下，人工智能、大数据、云计算以及物联网等一系列新兴技术正处在飞速发展。传统工科所涉及的教学内容已然无法契合这些新兴领域所提出的各类需求。对教学内容加以更新，把新兴技术相关的知识引入其中，能够助力学生去更好地掌握前沿科技知识，还可以在一定程度上提升他们在就业市场当中的竞争力。

契合产业升级的需求。伴随产业结构逐步升级的态势，企业针对工程技术人才所设定的要求也始终处在不断攀升的状态。更新教学内容，同时强化对学生实践能力与创新能力的培养，这对满足企业对具备高素养的工程技术人才的需求而言，能够起到助力作用。

提升学生们的综合素质。传统工科教育在过往通常会把过多的精力放在专业知识的传授上，而在一定程度上忽略了对学生综合素质的培养工作。要是能够对教学内容加以更新，把诸如跨学科知识以及创新创业教育等相关内容引入其中，无疑能提升学生们的综合素质。

推动教育教学改革。更新教学内容对于新工科建设而言意义重大，同时也是推动教育教学改革极为关键的一个着力点。教学内容得以更新，能够对教学方法的改革起到促进作用，还能推动教育教学模式实现创新。

3. 更新教学内容的具体路径

对课程体系加以优化。依据新工科方面的要求来对课程体系予以优化，增添新兴技术相关课程，同时削减陈旧的课程。如增设像人工智能、大数据分析以及物联网技术这类课程，并且把一些过时的课程删掉或者进行合并处理。在此过程中，还需关注课程相互间的衔接情况，从而构建起具备模块化以及层次化特点的课程体系。

在新工科的学科交叉融合方面，地方高校有必要引入跨学科课程，以此推动工科和理科、文科以及医学等学科之间实现交叉融合。可以开设诸如“工程伦理”“工程管理”“工程与社会科学”这类课程，从而达到拓宽学生知识面的目的。

强化实践教学这一方面。新工科把对学生实践能力的培养放在重要位置，所以地方高校要在实践教学环节上加大力度，让实验、实习、实训这类实践课程所占的比重得以增加。借助校企合作的方式，去创建实习基地，并且开展产学研合作项目，以此促使学生的实践能力得到提升。

新工科在对学生创新精神以及创业能力培养的方面，要求地方高校把创新创业教育引入其中，比如开设相关的创新创业课程，组织各类创新创业竞赛，并且积极鼓励学生去参与创新创业项目。创新创业教育，能够充分激发学生的创新潜能，还可有效培养他们的创业意识。

在更新教材以及教学资源方面，在科技持续发展的态势下，传统教材已然难以契合新工科的诸多需求了。地方高校有必要对教材予以更新，把最新的科研成果还有工程案例引入其中，编写出能满足新工科要求的教材来。与此同时，借助现代信息技术的力量，去开发诸如在线课程、虚拟仿真实验等这类教学资源，从而让教学内容变得更为丰富。

在强化国际化教育方面，新工科致力于对学生国际化视野的培养。在此情形下，地方高校有必要进一步强化国际化教育相关举措。一方面，积极引进国外优质的教育资源；另一方面，开设双语课程，同时精心组织各类国际交流活动。并且，通过与国外高校达成合作关系，开展联合培养项目等方式，以此来切实提升学生的国际竞争力。

在重视综合素质培育方面，新工科并非仅仅着眼于学生的专业知识以及技能，其同时也重视对学生综合素质的培育工作。地方高校理当借助开设通识教育方面的课程、组织各类社团活动、开展素质拓展相关训练等多种途径，来提高学生的综合素质，从而让学生拥有团队合作、沟通协调、领导管理等诸多方面的能力。

4. 更新教学内容的保障措施

强化师资队伍的建设工作极为关键，毕竟教师是教学内容具体的施行者。所以，地方高校要着力强化师资队伍方面的建设，促使教师的专业水准以及教学能力得以有效提升。具体可凭借引进高层次的人才、加大教师培训的力度、激励教师踊跃参与科研项目等多种途径，来推动教师综合素质的提升。

增加教学资源方面的投入：更新教学内容必然要有与之相匹配的教学资源给予支持，所以，地方高校有必要加大在教学资源上的投入力度，进一步去改善实验实训方面的条件，着力建设起现代化的实验室以及实训基地。与此同时，还可借助现代信息技术这一有力手段，开发诸如在线课程、虚拟仿真实验等各类教学资源。

完善构建教学质量监控体系和评价机制：要想让教学内容的更新达成预期成效，地方高校就得完善其教学质量监控体系，构建起科学合理的教学评价机制。通过定期开展教学评估，还有让学生来评教以及安排教学督导等多种方式，能够及时发现并处理教学过程中存在的各类问题，以此来保证教学质量。

强化校企间的合作：校企合作乃是更新教学内容的关键渠道，所以，地方高校有必要强化同企业的合作关系，建立实习基地，同时开展产学研合作相关项目。凭借校企合作这一方式，能够及时知晓企业的各类需求，进而对教学内容做出相应调整，以保证教学内容和产业需求彼此契合。

优化课程体系：将新工科理念引入进来，对教学内容加以更新，这是地方高校工科专业建设方面极为重要的一项任务。地方高校可以通过对课程体系予以优化，把跨学科课程引入其中，强化实践教学环节，融入创新创业教育内容，对教材与教学资源进行更新，强化国际化教育，并且注重对学生综合素质的培养等诸多途径，来切实有效地更新教学内容，进而培养出具备创新能力、实践能力以及拥有较高综合素质的工程技术人才。

强化师资队伍建设：与此同时，地方高校还得强化师资队伍的建设工作，在教学资源方面加大投入力度，对教学质量监控体系予以完善，进一步加强和企业之间的合作，推动教育教学方面的改革举措，以此来确保教学内容的更新能够得以顺利开展。

三、加强课程思政建设，融入创新创业教育

在地方高校的工科专业建设方面，把课程思政建设同创新创业教育融合起来，这是提升人才培养质量的一条重要途径。工科专业属于应用性相当强的学科范畴，在培养学生的时候，不光得重视对他们专业技能的培养，还得关注其思想道德素质的提升，以及创新精神、创业能力的培养。要是能进一步加强课程思政建设，把思想政治教育巧妙地融入专业课程的教学当中去，并且与此同时和创新创业教育结合起来，那么就能够切实有效地达成“立德树人”这一根本任务，从而培养出既有扎实专业基础，又拥有社会责任感以及创新能力的复合型人才。

1. 课程思政建设的内涵与意义

课程思政把思想政治教育融入专业课程教学的整个过程当中，通过对专业课程的思政元素加以挖掘，促使知识传授和价值引领达成有机融合。就工科专业而言，课程思政建设不单单是落实“立德树人”这一根本任务的重要办法，同时也是提升学生综合素质的重要途径。

落实“立德树人”根本任务。工科专业的学生在未来是要投身到工程技术领域相关工作当中去的，他们的职业行为对于社会发展来讲有着不容忽视的重要影响。借助课程思政方面的建设举措，能够助力学生树立起正确的世界观、人生观以及价值观，还能让他们的社会责任感得以增强，促使其职业道德以及工匠精神得到有效的培养。

提升学生综合素质。工科专业方面的学生通常会注重提升自身技术能力，然而却容易忽视人文素养以及思想道德修养。课程思政方面的建设是能够对这一欠缺之处予以弥补的，会凭借专业课程里所蕴含的思政元素来引导学生去关注社会当中存在的各类问题，进而对学生的批判性思维以及创新能力予以培养。

促进专业教育与思政教育的协同发展。课程思政建设冲破了传统思政教育跟专业教育脱节的状况，达成了二者有机融合的目标。把思政教育融入专业课程，如此，学生在研习专业知识的过程中，就能水到渠成地接受思政教育。

2. 创新创业教育的重要性与现状

创新创业教育实乃培养创新型人才的关键路径。对工科专业学生的创新创业能力加以培

养，一方面是出于职业发展的考量，另一方面也有助于推动社会在技术层面取得进步。

适应社会经济发展的需求。当下，我国正处在经济转型升级的重要阶段，创新驱动发展已然成为了国家层面的战略。工科专业方面的学生，身为未来在技术创新领域的主力群体，要拥有颇为出色的创新创业能力，唯有如此，才能够契合社会经济发展所提出的种种要求。

提升学生就业竞争力。伴随高等教育逐渐普及，工科毕业生所面临的就业竞争愈发激烈。借助创新创业方面的教育，能够助力学生在综合素质上有所提升，让其就业竞争力得以增强，甚至还能促使学生达成自主创业的目标。

当前存在的问题。不少地方高校已然展开了创新创业教育方面的相关工作，可还是存在着问题。就如其课程体系存在不完善的情况，实践平台也有所欠缺，师资力量同样显得较为薄弱等，这些情况综合起来使得创新创业教育所达成的效果并非那么令人满意。

3. 课程思政与创新创业教育的融合路径

把课程思政建设同创新创业教育相互融合起来，这已然成为地方高校工科专业建设的一个重要发展趋向。在专业课程当中深入挖掘其中蕴含的思政元素，然后将这些思政元素与创新创业教育有机地结合到一起，便能够达成知识传授、能力培养以及价值引领这三者之间的有机统一状态。

挖掘专业课程中的思政元素。工科专业所开设的课程里面包含着颇为丰富的思政方面的元素，像工程伦理、社会责任之类的，还有工匠精神等也都涵盖其中。教师能够借助案例教学的方法以及项目式学习方式，把思政元素巧妙地融入课堂教学活动，以此来引导学生逐步树立正确的价值观念。

在工程伦理教育方面，借助案例分析这一方式，能够使学生对工程技术给社会以及环境所带来的种种影响有所知晓，同时还能够培养他们的职业道德，增强其社会责任感。

在工匠精神的培养方面，借助实践教学这一途径，能够使学生亲身去体验对工作秉持精益求精的态度，进而培养起他们内心深处追求卓越的精神品质。

构建“课程思政＋创新创业”的课程体系。在工科专业所设置的课程体系里面，能够去增设一些和创新创业存在关联的课程，并且把思政方面的元素融入这些课程当中。可以开设诸如创新创业基础以及工程伦理与创新创业这类课程，以此来助力学生去知晓创新创业的基本的知识内容，与此同时还能够对他们的社会责任感以及职业道德加以培养。

在理论课程方面，借助理论教学这一方式，促使学生去知晓创新创业相关的基本概念，熟悉其中的一些常用方法，并且对整个创新创业的流程也能有所了解。在实践课程方面，借助项目式学习以及校企合作之类的途径，促使学生于实践操作进程当中去提升自身的创新创业能力。

4. 加强师资队伍建设

教师在课程思政建设以及创新创业教育方面起着关键作用。地方高校需要加强针对教师的相关培训工作，以此来提高教师在思政教育方面的能力，同时也提升其在创新创业方面给予学生指导的能力。

思政教育能力方面的培训，借助专题讲座以及研讨会等多种途径，助力教师去掌握有关课程思政的教学方法。

开展创新创业指导能力培训，可以通过和企业达成合作的方式来进行。让教师对行业当下的动态有更为清晰的了解，进而促使其创新创业指导能力得到进一步的提升。

5. 搭建实践平台，促进知行合一

在校企合作方面，选择和企业携手合作，搭建起实习基地。学生能够在具体实践活动当中，对自身的专业技能予以提升，同时，其创新创业能力也能得到锻炼与发展。

举办创新创业方面的竞赛活动，能够把学生的创新热情充分激发出来，同时还可以着力培养他们的团队合作精神以及实践动手能力。

6. 注重评价与反馈，持续改进

课程思政建设以及创新创业教育所达成的成效，必须得依靠一套科学合理的评价体系来加以检验。地方高校有必要构建起多元化的评价机制，要及时去收集来自学生和教师的反馈信息，进而持续不断地对教学内容以及教学方法做出改进与完善。可以通过问卷调查、访谈之类的途径，了解学生针对课程思政以及创新创业教育所怀有的感受与给出的建议。而教师给出的评价指出，借助教学观摩以及教学反思这类方式，能够助力教师对教学方法做出改进。

第三节　加强师资队伍建设，提升教学水平

师资队伍属于高校工科专业建设当中的核心要素之一，其与教学质量以及人才培养所达成的效果有着直接的关联。在地方高校开展工科专业建设工作的时候，师资队伍的建设更是凸显出其重要性。地方高校通常会碰到不少问题，像是师资力量相对而言比较薄弱，要引进高水平人才存在诸多困难，而且教师的教学能力也存在差异。因此，强化师资队伍的建设工作，促使教学水平得以提升，这是地方高校在进行工科专业建设时的关键路径中的一条。

一、引进与培养高水平师资

优质且数量充足的高水平师资队伍，无疑会给高校开展工科专业建设带来极大助力。在地方高校推进工科专业建设的进程当中，常常会碰到这样棘手的状况：引进高水平的专业人才仍有困难，且即便费尽心力引进，想要把这些人才稳稳地留住，也是难上加难。引进以及培养出高水平的师资队伍，是地方高校在开展工科专业建设工作时的关键任务。

1. 多渠道引进高水平人才

地方高校在引进高水平师资方面，需要着力拓宽引才的渠道，运用多种多样的方式去吸引优秀的人才。如能够借助国内外高层次人才招聘会以及学术会议等诸多平台，大力地宣传学校所推行的引才政策以及具备优势的学科，以此来吸引来自海内外的优秀人才。再者，还能够和国内外知名的高校、科研机构构建起合作的关系，凭借联合培养、开展项目合作等途径，吸引优秀人才到学校来从事相关工作。此外，也可以通过柔性引进这样的方式，聘请国内外有名望的学者、专家出任兼职教授或者客座教授，让他们定期来到学校开展讲学活动，同时对科研以及教学工作给予相应的指导。

2. 优化人才引进政策

地方高校在引进高水平师资过程中，需要制定颇具竞争力的人才引进政策。要给出富有吸引力的薪酬待遇，这里面涵盖基本工资、科研启动经费以及住房补贴等，切实保障引进人才的生活与工作条件，还需提供引进人才相应的科研平台以及实验条件，助力他们开展高水平的

科研工作。此外，也应当为他们开拓出职业发展的空间，如优先推荐去申报各类人才计划、科研项目等，从而促使他们能够快速地融入学校的科研以及教学团队当中。

3. 加强内部人才培养

在积极引进高水平师资的这个过程当中，地方高校也应当关注内部人才的培养工作。要建立起完善且健全的青年教师培养相关机制，借助导师制以及青年教师科研基金等一系列方式方法，助力青年教师能够更为迅速地实现成长。要给予教师鼓励与支持，让他们去攻读博士学位，并且积极参加国内外的各类学术交流活动，以促使其学术水平以及科研能力得到有效提升。此外，还能够凭借校内外所开展的培训、进修等不同的途径，促使教师的教学能力以及专业素养都能够有所提高。

4. 构建高水平科研团队

引进并培养高水平的师资，其根本意图在于组建起高水平的科研团队。地方高校可凭借引进学科带头人、学术骨干之类的途径，渐渐构建起结构较为合理、科研能力颇为突出的学术团队。与此同时，要激励教师相互展开合作，推动跨学科、跨领域的科研协作得以开展，促使整体科研水平获得提升。此外，还需强化同企业的合作，推动产学研实现紧密结合，让科研成果的转化率得以提高。

二、强化教师专业发展及教学优化

教师的核心能力包含教学能力，这一能力与教学质量以及学生的学习成效有着直接的关联。地方高校在开展工科专业建设工作期间，需关注教师教学能力的提升，并且要凭借多种多样的途径来强化针对教师教学能力所开展的培训活动。

1. 建立健全教学培训体系

地方高校需要建立起完备的教师教学培训体系，并且要定期开展针对教学能力的培训活动。对于新入职的教师而言，可以组织他们去参加有关教学基本功的培训，以便帮助他们能够较好地掌握基本的教学技能以及相应的教学方法，还可以在固定的时间举办诸如教学研讨会、教学沙龙之类的活动，邀请校内以及校外的教学专家来分享他们的教学经验，进而推动教师彼此之间展开充分的交流与学习。此外，也能够借助教学竞赛、教学观摩等多种方式，鼓励教师持续不断地提升自身的教学水平。

2. 推广先进教学方法和手段

在信息技术持续发展的进程中，教学方法以及手段都处于不断更新的状态。地方高校理当积极去推广较为先进的教学方法与手段，以此来促使教师教学能力得以提升。鼓励教师采用翻转课堂、混合式教学这类新型的教学模式，进而让学生的自主学习能力以及实践能力得到增强，也可推广运用多媒体教学、在线教学平台等具备现代化特征的教学手段，借此来使教学内容与形式变得更加丰富，促使教学效果得以提高。此外，还能够借助虚拟仿真实验、项目式教学等方式，使得学生的实践能力以及创新能力进一步增强。

3. 加强教学反思与改进

教学反思是提升教学能力的一条重要路径。地方高校有必要鼓励教师开展教学反思，及时总结教学中的经验与不足，持续改进教学方法。可借助教学日志、教学总结这类方式，助力教师将教学过程中出现的问题以及自身的思考记录下来，也可通过学生评教、同行评教等相关方式，去收集有关教学的反馈信息，以此来协助教师发现教学中存在的问题，并且展开针对性改进举措。此外，还能够凭借教学研究、教学改革项目等多种方式，激励教师去开展教学创新方面的工作，从而促使教学水平得以提升。

4. 提供教学支持与资源

地方高校理当为教师给予充分的教学支撑以及各类资源，助力他们去提升自身的教学能力。比如能够去建立教学资源库，在其中配备丰富多样的教学参考资料，还有诸多教学案例等，以供教师参照并加以运用。也能够给予教学技术方面的支持，协助教师处理在运用现代化教学手段期间所碰到的各类技术难题。此外，还可凭借教学咨询、教学辅导之类的途径，给教师提供带有个性化特点的教学支持，助力他们化解教学过程中的实际问题。

三、完善教师多元评价与动态激励机制

教师评价与激励机制在师资队伍建设方面属于极为重要的保障举措。科学且合理的评价与激励机制，确实能够切实激发教师在工作当中的积极性，同时也能激发其创造力，进而促使教学水平以及科研水平得以有效提升。地方高校在工科专业建设进程之中，需要持续不断地对教师评价与激励机制加以完善，以此推动教师实现更为全面的发展。

1. 建立多元化的评价体系

传统的教师评价体系常常会把过多的关注点放在科研成果方面，而在一定程度上忽略了教师在教学以及社会服务等方面所做出的贡献。地方高校须构建起多元化的评价体系，以便对教师的工作表现展开较为全面的评价。要把教学评价当作教师评价里极为重要的一项内容，借助学生评教、同行评教、教学督导等多种不同的方式，对教师的教学效果予以较为全面的评估。需将科研评价和社会服务评价相互结合起来，激励教师踊跃参与到科研项目、社会服务等各类活动当中，进而促使其综合能力得以提升。此外，还应当重视对教师师德师风的评价，并将其列为教师评价的重要指标之一。

2. 实施分类评价

不同学科范畴下，各个岗位的教师在具体工作内容以及所承担的职责方面均呈现出一定的差异。鉴于此，地方高校着实应当推行分类评价的举措，以此来切实保障评价过程具备应有的公平性以及科学性。比如，可以依照教师实际承担的岗位职责，把教师细致地划分为教学型、科研型、教学科研型等多种不同的类型，进而分别为不同类型的教师拟定与之相契合的评价标准。同时，还能够依据学科自身所具有的特点，来制定存在差异的评价指标，从而确保评价活动的科学性与合理性能够得以充分体现。此外，依据教师所处的不同发展阶段，同样可以制定出有差异的评价标准，进而助力教师达成自身的职业发展目标。

3. 建立激励机制

合理且科学的激励机制，能够切实激发教师在工作方面的积极性以及他们的创造力。地方高校须构建多种多样的激励机制，来推动教师持续提升自身的教学水平以及科研水平。如可以专门设立教学方面的奖励、科研方面的奖励等多种方式，对在教学工作以及科研工作当中表现格外突出的教师予以表彰。也可以借助职称晋升、岗位聘任之类的途径，促使教师不断地提升自身所具备的能力。此外，还能够通过给教师提供在国内外进修、开展学术交流等诸多机

会，助力教师进一步拓宽自身的视野，从而提升其专业素养。

4. 加强评价结果的运用

教师评价所得出的结果，理当成为教师在其职业发展进程当中极为重要的依据。地方高校需要强化对评价结果的实际运用，帮助教师去发现自身所存在的不足，进而制订出契合自身情况的改进计划。可以把评价结果作为教师在职称得以晋升、岗位进行聘任之时的关键依据，切实保证评价具备应有的公正性以及权威性。也可以将评价结果作为教师参与培训、进行进修方面的重要参照内容，协助教师能够更具针对性地提升自身所具备的能力。此外，还可凭借评价结果所给予的反馈信息，来辅助教师展开教学方面的反思以及改进方面的相关工作，进而促使教学效果得以有效提升。

5. 营造良好的工作氛围

良好的工作氛围是激励教师积极开展工作的要素。地方高校须重视营造良好的工作氛围，以此强化教师内心的归属感以及幸福感。可以借助强化校园文化方面的建设工作，来营造出积极且向上的工作氛围。也可以通过推动教师彼此间的交流以及合作，促进团队展开协作，进而提升工作的实际效率。此外，还可以通过关心教师在生活与工作当中的情况，协助其处理实际存在的各类问题，从而增强教师工作的积极程度以及他们对工作的满意程度。

第四节　改善实践教学条件，强化实践育人

实践教学构成了工科专业教育极为重要的一部分，是培养学生实践能力、创新能力以及综合素质极为关键的一个环节。地方高校当中的工科专业在其建设的整个过程里面，要对实践教学条件的改善给予高度的重视，要着力强化实践育人方面的功能，保证学生可以把所学到的理论知识和实际应用紧密地结合起来，进而让学生拥有解决复杂工程问题的相应能力。

一、加强实验室和实习基地建设

实验室以及实习基地均属于工科专业开展实践教学所需的基础硬件设施，是学生开展实验操作、接受工程训练以及实现技能的重要场所。地方高校要强化对实验室以及实习基地的建设工作，保证实践教学所涉及资源既充足，又具备一定的先进性。

1. 实验室建设的优化与升级

实验室作为工科专业开展实践教学极为关键的核心场所，它的建设水准如何会对学生实践能力以及创新能力的培养产生直接的影响。地方高校需要结合工科专业自身所具有的特点以及实际的需求情况，对实验室的布局安排以及功能设置加以优化，进而促使实验室的硬件设施状况还有软件环境条件都能够得到相应的提升。

地方高校需要加大在实验室建设方面的投人力度，以此来确保实验室设备能够具备先进性以及完备性。工科专业所用到的实验设备通常价格颇为昂贵，而且其更新换代的速度也比较快。地方高校就应当通过多种多样的渠道去筹措所需资金，保证实验室设备可以得到及时的更新以及妥善的维护。如可以去申请国家或者地方政府所设立的专项资金，也可以选择和企业展开合作共同建设实验室等多种方式，以此来促使实验室硬件水平的有效提升。

地方高校需要关注实验室的开放性以及共享性这两方面。工科专业所配备的实验设备通常有着颇高的使用频次，同时也存在着对其较为强烈的共享方面的需求。所以地方高校可以尝试构建实验室开放共享的相关机制，以此来保证不同专业不同年级的学生都能够较为充分地运用实验室所具备的各类资源。如通过建立实验室预约系统，或者设立专门的实验室开放日等一系列方式，来促使实验室的使用效率得以有效提升。

地方高校有必要强化对实验室的安全管理。工科专业在开展实验操作时，常常会涉及诸如高温、高压以及有毒有害物质这类危险因素。所以，地方高校应当建立起完善且健全的实验室安全管理制度，切实保障实验操作具备应有的安全性以及规范性。如可以定期开展关于实验室安全方面的培训活动，还可以设置专门的实验室安全员岗位等，进而有效提升实验室整体的安全管理水平。

2. 实习基地建设的拓展与深化

实习基地对于工科专业的学生而言，是他们开展工程实践以及进行职业体验极为重要的场所，同时也是这些学生把所学到的理论知识运用到实际工程问题当中去的关键平台。地方高校需要结合工科专业自身所具有的特点以及实际的需求情况，进一步拓展并且深化实习基地的建设工作。

地方高校有必要强化同企业展开合作的力度，进而构建起稳固的校外实习基地。工科专业所开展的实习活动需要依靠企业所拥有的实际工程项目来进行，地方高校理当积极主动地和企业构建起合作方面的关联，以保证学生能够真正参与到实实在在的工程实践活动当中。可以借助签订校企合作协议以及设立企业实习基地等诸多方式，来进一步拓展校外实习基地的数量以及规模。

地方高校要重视实习基地的质量建设工作。实习基地的质量会直接影响学生的实习成效。所以地方高校需要进一步强化对实习基地的评估以及筛选流程，要保证实习基地是可以给予学生高质量实习契机的。能够借助定期开展实习基地的评估活动、创建实习基地质量反馈的相关机制等多种途径，来促使实习基地的建设水准得以提升。

地方高校须强化对实习基地的管理以及给予相应指导。工科专业开展实习之时，离不开教师自始至终的指导与监督。地方高校须建立起完善的实习管理制度，以保证学生在实习期间可以获得足够的指导与相应支持。如能够借助设立实习指导教师，再加上建立实习过程跟踪机制等途径，来提高实习基地的管理水平。

二、推进产学研合作，拓展实践平台

产学研合作算得上是工科专业开展实践教学的一条重要路径，同时它也是学生把理论知识运用到实际工程问题当中的一个重要平台。地方高校需要积极推动产学研合作，进一步拓展实践平台，以此来保证学生可以在真实的工程环境里展开实践活动，并且进行创新方面的尝试。

1. 产学研合作模式的创新与深化

产学研合作算是工科专业开展实践教学的一条重要路径。地方高校需要依照工科专业自身所具有的特点以及实际需求，对产学研合作模式予以创新并使其得到深化，保证学生可以在实实在在的工程环境中开展实践活动以及进行创新方面的尝试。

地方高校强化和企业之间的合作，可以构建起产学研合作能够长期发挥效用的机制。工科专业产学研合作通常要依靠企业的实际工程项目来开展，所以地方高校要积极主动地和企业构建起长期且稳定的合作关系，确保学生可以真正参与到真实的工程实践活动中。可以通过签订产学研合作方面的协议，或者设立产学研合作基地等多种途径，来进一步拓展产学研合作所涉及的深度以及广度。

地方高校需要关注产学研合作方面的质量建设。产学研合作的质量情况会对学生的实践成效产生直接的影响，所以，地方高校有必要强化针对产学研合作项目的评估以及筛选工作，要保证所开展的产学研合作项目能提供高质量的实践机会。可借助定期开展产学研合作项目评估、建立质量反馈机制等途径，提升产学研合作建设水平。

地方高校有必要强化对产学研合作方面的管理以及给予相应的指导。工科专业产学研合作通常离不开教师的全程参与和管理。所以地方高校必须构建健全的产学研合作管理制度，保证学生在参与产学研合作的整个过程当中，可以获得足够充分的指导与相应的支持。

2. 实践平台的拓展与优化

实践平台是工科专业学生开展实践以及创新活动极为重要的一处场所。地方高校需要依据工科专业特点与需求，拓展并优化实践平台，以此来保证学生能够在学校内部以及学校之外获得足够充分的实践机会。

地方高校有必要强化校内实践平台方面的建设工作。校内实践平台属于学生开展实践以及创新活动所依赖的基础条件。地方高校需要依据工科专业自身的特点还有需求状况，对校内实践平台的布局安排以及功能设置加以优化，促使校内实践平台的硬件设施条件与软件环境质量都能有所提升。可以采取建设创新创业实验室、在校内设立实践基地等举措，以此来扩充校内实践平台的数量和规模。

地方高校需对校外实践平台予以拓展。校外实践平台乃是学生展开实践以及创新活动极为重要的一种补充形式，地方高校要积极和企业、科研机构等构建合作方面的关系，以此对校外实践平台的数量以及规模加以拓展。可以凭借签订校外实践合作方面的协议、设立校外实践基地等方式，来拓展校外实践平台的数量与规模。

地方高校有必要强化对实践平台的管理以及给予相应指导。工科专业所涉及的实践平台，可以采取设立专门的实践平台指导教师岗位，同时构建实践平台过程跟踪相关机制等一系列举措，来促使实践平台的管理水平得以提升。

三、加强学生创新创业能力培养

1. 创新创业教育的课程体系建设

创新创业教育是培养工科学生创新创业能力极为重要的途径。地方高校需要结合工科专业自身所具有的特点以及实际的需求情况，构建一套相对完善的创新创业教育课程体系，保证学生可以较为系统地接受关于创新创业方面的教育内容。

开设创新创业方面的基础课程。地方高校要结合工科专业自身所具有的特点以及实际的需求来开设这类创新创业基础课程，保证学生可以切实掌握创新创业领域的基本知识以及相关技能。如通过开设创新创业基础以及创业管理这类课程，可以促使学生的创新创业基础能力得以提升。

开设创新创业方面的选修课程。创新创业选修课程对于培养学生的创新创业能力是不可或缺的一种补充形式。地方高校需要结合工科专业自身所具有的特点以及实际的需求情况，来开设创新创业选修课程，保证学生可以依照自身的兴趣爱好以及具体需求，去挑选契合自己的创新创业课程。比如开设创新思维训练以及创业案例分析这类课程，可以满足学生对创新创业各方面的不同需求。

2. 创新创业实践平台的搭建与优化

地方高校有必要依照工科专业所呈现出的特点以及实际需求，搭建创新创业实践平台且不断对其以优化，保证学生不管在校内还是在校外，都能够拥有足够充分的创新创业契机。

地方高校需要着力强化校内创新创业实践平台的构建。校内创新创业实践平台是学生开展创新创业活动所依赖的基础条件。地方高校得结合工科专业自身所具有的特点以及实际需求，对校内创新创业实践平台的布局安排以及功能设置加以优化，促使校内创新创业实践平台的硬件设施状况以及软件环境质量都能有所提升。可以采取建设创新创业实验室、在校内设立创新创业基地这类方式，以此来扩充校内创新创业实践平台的数量，使其规模也能得以扩大。

地方高校需对校外创新创业实践平台予以拓展。校外创新创业实践平台对于学生开展创新创业活动而言，属于极为重要的补充部分。地方高校要积极主动地同企业、科研机构等构建合作方面的关系，以此来拓展校外创新创业实践平台的数量以及规模。

3. 创新创业竞赛与项目的组织与指导

创新创业竞赛与相关项目是培养学生创新创业能力的重要渠道。地方高校应结合工科专业特点与实际需求，组织并指导学生参与创新创业竞赛以及各类项目，让学生在参与这些竞赛和项目的过程中切实提升自身创新创业能力。

地方高校需要积极推动学生参与到各式各样的创新创业竞赛当中去。创新创业竞赛是培养学生创新创业能力的重要途径。地方高校须依照工科专业自身所具有的特点以及实际的需求情况，主动促使学生参与各类创新创业竞赛，要保证学生能够在竞赛的过程中，让自身的创新创业能力得到切实的提升。如可以组织学生参与“互联网＋”“挑战杯”之类的创新创业竞赛，促使学生在创新创业竞赛方面的能力得以提升。

地方高校需积极引导学生去开展创新创业项目。地方高校应依照工科专业所具有的特点以及实际需求，积极地引导学生开展创新创业项目，以保证学生能够在参与项目的过程当中切实提升自身的创新创业能力。可以采取指导学生开展创新创业项目以及设立创新创业项目基金等诸多方式，来促使学生在创新创业项目方面的能力得以提升。

第五节　完善质量保障体系，持续改进教学质量

一、建立健全教学质量标准

教学质量标准是保障教学质量的根基，是开展教学活动的依据，也是用于开展评价的准则。地方高校的工科专业于建设进程之中，要紧密结合自身所具备的特点以及社会方面的实际需求，制定出既科学又合理的教学质量标准。

明确教学质量标准的内涵与要求。教学质量标准乃是把教学活动各个环节所涉及的质量要求予以具体化呈现，其涉及范围包括课程设置、教学内容、教学方法、教学资源、师资队伍以及学生评价等诸多方面。地方高校的工科专业制定教学质量标准之时，要充分考量以下层面。

课程设置的科学性。需契合工科专业自身所具备的诸多特点，要关注理论以及实践两者间的相互结合，要保证课程涵盖的内容是能够对行业前沿技术以及发展趋向予以如实反映的。与此同时，课程设置还应当具备相应的灵活性，就是说它能够依照社会的实际需求状况以及学科发展所呈现出来的动态变化情况来做出适时的调整。

教学内容要具备先进性，其关键在于需及时完成更新，要能够对最新的工程技术成果以及行业标准予以反映。地方高校需要积极引入企业所涉及的实际案例还有相关项目，以促使教学内容在实用性以及针对性方面均得以增强。

工科专业在开展教学的过程中，培养学生在实践方面的能力以及创新思维，教学方法要摒弃单一性，须呈现出多样化的特点，像案例分析、项目驱动、开展实验教学、安排实习实训等都应涵盖在内。借助多种多样的教学方法，能够把学生的学习兴趣充分激发出来，让教学效果得以提升。

充足的教学资源是保障教学质量极为关键的一个重要条件。地方高校着实应当进一步加大针对实验室、实训基地以及教学设备等方面的投入力度，确保学生切实获得充足的实践机会。与此同时，还得着力强化信息化教学资源的相关建设工作，以此来推动线上线下混合式教学更好地开展。

加强师资队伍的建设工作。要着力提升教师专业水准与教学能力，可通过引进高层次人才、加强教师培训、鼓励教师参与科研工作和工程实践等途径，有效提升师资队伍整体素质。

学生评价不容忽视。学生评价在整个教学质量的把控环节当中，扮演着极为重要的反馈机制这一角色。构建一套科学合理的学生评价体系，在这个体系当中，不能仅仅将目光局限于学生的学业成绩方面，与此同时，对于学生的实践能力、创新能力以及综合素质等诸多方面的评价，也都应当给予充分的重视。

1. 制定符合地方高校特点的教学质量标准

地方高校的工科专业在制定教学质量标准之际，要紧密结合自身的办学实际定位以及所在区域经济发展的切实需求，进而制定出契合自身特色的教学质量标准。可以从如下的几个方面来深入开展相关工作。

凸显应用型人才的培养目标：地方高校所设立的工科专业，应当将培养应用型人才当作自身的目标，其教学质量的衡量标准要侧重于对学生实践能力以及工程素养的培育。借助于对实践教学环节予以强化的方式，促使学生的动手能力以及解决实际问题的能力均得以提升。

地方高校需紧密结合区域经济发展的实际需求来行事，要制定出带有地方特色的教学质量标准。通过和地方企业展开合作，去弄清楚行业对于人才都有哪些具体需求，进而对课程设置以及教学内容做出相应调整，要保证所培养出来的人才可以契合地方经济发展方面的种种需要。

重视学生在个性化发展情况：地方高校所开设的工科专业在制定教学质量标准之际，要周全地考量学生在个性化发展方面的需求。可借助设置选修课程或者微专业或者交换生等途径，也可通过开展创新创业方面的教育活动，还可鼓励学生积极参与各类科研项目等多种方式，以此来契合学生的多样化发展需求。

2. 教学质量标准的动态调整与优化

教学质量标准并非固定不变的，而是要依据社会的需求状况、学科的发展态势以及教学实践所反馈回来的信息，来展开动态层面的调整与优化工作。建立针对教学质量标准的定期评估机制，能够及时地发现问题，实施相应的改进措施。与此同时，地方高校还应当进一步强化同行业企业之间的沟通交流以及合作协同，从而深入了解行业领域对于人才需求方面所发生的种种变化，进而基于这些情况及时对教学质量标准做出调整，以此来确保其具备应有的科学性以及前瞻性。

二、加强教学过程监控与评估

教学过程的监控与评估，实则是保障教学质量极为关键的一种手段。借助于行之有效的监控举措以及评估方式，能够较为及时地发现教学过程中所存在的各类问题，并且还能够依据这些所发现的问题采取与之相对应的一系列改进办法，确保教学质量可以实现持续性的提升。

1. 建立完善的教学过程监控体系

教学过程监控体系是对教学活动当中的各个环节展开监督以及管理工作的系统。构建一套完善的教学过程监控体系，也可以切实保障教学活动能够具备应有的规范性以及有效性。教学过程监控体系大体上应当涵盖以下这些方面。

教学计划作为教学活动具有指导意义的文件，地方高校有必要对教学计划的制定环节以及执行环节加以监控，以此来保障教学计划具备应有的科学性以及合理性。定期核查教学计划具体的执行状况，能够及时发现教学计划在执行期间所出现的各类问题，并且对这些问题予以妥善解决。

课堂教学处于教学活动的核心位置，对于课堂教学展开监控十分必要，地方高校对此需加以重视并强化相关监控举措。可以借助听课、开展评课活动以及实施教学检查等多种途径，全面知晓教师在教学方面呈现出的实际状况，同时也能清晰把握学生的学习情形，以便能够第一时间发现并妥善处理课堂教学过程当中所出现的各类问题。

在工科专业教学当中，实践教学无疑是极为重要的一个组成部分。就地方高校而言，其理应对实践教学展开更为有力的监控举措。要对诸如实验、实习以及实训这些实践教学环节的实际开展状况加以细致检查，以此来切实保障实践教学能够达到应有的质量水平，并且收获良好的教学效果。

教学资源对于教学活动而言，是极为重要的保障。地方高校着实应当强化对教学资源展开相应的监控举措。要通过定期细致检查实验室、实训基地以及教学设备等各类教学资源的实际使用状况，以此来确保教学资源既能保持充足的状态，又能实现有效的利用。

2. 建立科学的教学评估机制

学生参与教学活动是直接的，学生所给出的评教意见应当得到重视。定期开展学生评教相关活动，借此去了解学生针对教学内容、教学方法以及教学效果所给出的评价情况，进而能够及时发现教学当中存在的各类问题，并对这些问题加以解决。

教师间的互评属于教学评估里极为重要的一种方式，地方高校理当倡导教师展开相互评价的活动。借助教师互评这一途径，能够推动教师彼此间展开充分的交流以及深入的学习，进而促使教师的教学水平获得有效提升。

专家评估在教学评估里属于重要的补充部分。地方高校应该定期邀请校内以及校外的专家针对教学活动展开相应评估。借助专家评估，发现教学环节存在的一些深层次方面的问题，进而给出具有针对性的改进建议。

社会评价在教学评估当中属于重要参考内容。知晓社会针对人才培养质量所给出的评价情况，凭借社会评价这一途径，能够及时对教学内容以及教学方法做出相应调整，进而保证所培养出来的人才是契合社会需求的。

3. 加强教学反馈与改进

借助教学评估所得到的结果予以反馈这一方式，能够助力教师清楚知晓教学环节里所存在的各类问题，采取与之相对应的一系列改进举措。与此同时，地方高校还应当建立起针对教学改进情况的跟踪机制，保证教学改进措施可以切实有效地得到落实。

三、建立持续改进机制

1. 建立教学质量改进的组织保障

地方高校有必要设立专门致力于教学质量改进的组织机构，让其承担起教学质量改进工作的组织以及具体实施。这一机构应当由校领导、教学管理相关部门、教师代表、学生代表等不同方面的人员共同组成，以此来保障教学质量改进工作能够全面且有效。

2. 制定教学质量改进的计划与目标

地方高校需要依据教学评估所呈现出来的结果，制定有关教学质量改进方面的计划以及目标。在这份改进计划当中，要明确具体要改进的内容是什么，要采取什么样的改进措施，由谁来负责相关工作，以及各个环节对应的时间节点，以此来保证改进这项工作能够有条不紊地向前推进。与此同时，所设定的改进目标要具备可操作性，而且还要能够被衡量，只有这样，才可以确保改进工作是真正有效的。

3. 加强教学质量改进的监督与评估

地方高校需要着力强化对教学质量改进相关工作予以监督以及开展评估，以此来切实保障改进措施能够得以有效施行。要定期去查看改进工作具体的进展状况，从而及时发现并妥善解决在改进流程当中所出现的各类问题。与此同时，还应当针对改进所达成的效果展开评估，进而确保改进所设定的目标可以顺利达成。

4. 推动教学质量的持续提升

持续改进实质上是一个循环不断进行的过程，地方高校有必要推动教学质量得到持续性的提升。要通过持续不断的经验总结去发现其中存在的问题，并对相关措施加以改进等一系列操作，以确保教学质量能够不断提升。

第五章　地方高校工科专业课程体系改革与创新

第一节　新工科背景下课程体系改革趋势

一、学科交叉融合

学科交叉融合已然成为科技发展所必不可少的要求。现代科技取得的进步，常常是要依靠多个学科相互协同来实现创新的。从人工智能技术的发展来看，其发展不光要有计算机科学方面的知识作为基础，同时也离不开数学、心理学、神经科学等诸多学科给予的有力支撑。与之类似的是，生物技术在向前发展的进程中，同样也和化学、物理学、信息科学等学科的交叉应用紧密相连。因此，高校工科专业的课程体系进行改革，必须顺应这样的一种趋势，打破学科之间存在的壁垒，推动不同学科之间深度融合。

学科交叉融合有助于培养学生的创新能力。在以往传统的单一学科教育模式下，学生所具有的知识结构常常比较单一，而且欠缺跨学科方面的思维模式以及解决各类问题的相应能力。当借助学科交叉融合，学生能够接触到来自不同学科的知识内容以及相关方法，由此可以激发创新思维，培养跨学科解决问题的能力。如把工程学和设计学融合到一起，这样能培养学生在产品设计方面的能力以及创新能力；把计算机科学和生物学相结合起来，就可以培养学生在生物信息学分析方面的能力。这些通过跨学科所获取的知识与技能，会让学生在未来的职业生涯中更具竞争优势。

学科交叉融合有益于提升课程体系的灵活性以及适应性。在新工科这样的大背景之下，科技的发展可谓是一日千里，传统的课程体系常常很难跟得上时代快速前进的步伐。借助学科交叉融合这一方式，高校能够依据科技发展所呈现出来的最新趋势，以较为灵活的方式对课程设置做出相应的调整，并且能够及时地把新兴学科以及前沿技术引入进来，保证课程内容既具备先进性，又拥有实用性。如随着大数据、云计算、物联网等一系列新兴技术不断地兴起，高校便可以把这些技术融入传统的工科课程里面去，进而开设出一些跨学科的全新课程，如“大数据分析与应用”“云计算与物联网技术”等，通过这样的做法来满足社会对于新型人才所提出的各种要求。

学科交叉融合具备促进产学研合作的能力，推动科技成果达成转化。高校跟企业以及科研机构之间的合作愈发紧密，而学科交叉融合恰恰为这类合作增添了更多的可行之处。凭借跨学科方面的合作模式，高校能够更为妥善地与产业需求相对接，开展具备针对性的科研项目，以此推动科技成果实现转化以及应用。高校能够和生物医药企业携手展开合作，针对生物信息学、药物设计等开展跨学科层面的研究，推动新药的研发以及应用进程；高校还能够与智能制造企业达成合作，针对工业互联网、智能机器人等开展跨学科性质的研究，推动制造业朝着智能化的方向完成转型。

在具体实施课程体系改革的进程中，学科交叉融合能通过多种途径完成。高校能设置跨学科的课程模块，从而把不同学科的各类知识有机地结合。在机械工程专业所设置的课程体系里，可以专门设置名为“智能制造与自动化”的模块，能够将机械工程方面的知识、电子工程方面的知识以及计算机科学等学科的知识全都融合在一起，有效培养学生的综合能力。高校还可以开设跨学科的选修课程，以此鼓励学生依照自身的兴趣爱好以及职业规划，挑选不同学科的课程，这样做能够拓宽学生的知识面。如计算机科学专业的学生可以选修生物学、化学等学科课程，通过这种方式来培养学生跨学科的思维模式以及解决问题的能力。此外，高校还能够借助跨学科的项目实践活动、科研训练等诸多方式，来推动学科交叉融合的进一步发展。如可以组织起跨学科的学生团队，开展具有综合性特点的科研项目，借此培养学生的团队合作能力以及跨学科解决问题的能力。

学科之间的交叉融合已成为课程体系改革极为关键的突破口。这样的融合不单在知识结构重新构建这一方面有所体现，还在更为深远的层面上对人才培养模式的创新起到了影响作用。高校如果能打破传统学科所存在的壁垒，构建更为开放且灵活的课程体系，可以赋予学生多维度的知识视野，并且展开跨学科思维方面的训练。这种改革趋势一方面顺应了科技发展过程当中所呈现出来的交叉融合特点，另一方面也是对产业变革时期对复合型人才迫切需求的一种回应。

二、注重实践能力培养

1. 实践能力培养的重要性

实践能力是学生在实际开展工作的过程当中，运用自身所学到的知识去处理实际存在问题的能力。它涵盖了动手进行实际操作的能力、具备创新思维的能力、团队协作的能力，还有解决工程方面较为复杂问题的能力等。在新工科这样的时代背景之下，对实践能力加以培养显得格外重要，主要体现在以下几个方面。

产业需求方面出现了诸多变化，现代工业对工科人才有着更高要求。工科人才不能仅仅局限于掌握理论知识，更关键的是有能力把所掌握的理论知识运用到实际生产环节当中，解决各类实际问题。企业在招聘的时候往往更愿意录用实践能力比较强的毕业生，这类毕业生能够以相对更快的速度去适应工作环境，为企业创造出一定的价值。

技术更新的速度正不断加快，在科技迅猛发展的当下，各种各样的新技术以及新工艺层出不穷。工科学生如果仅局限于理论层面，很难跟上技术更新的节奏。如果重视培养学生的实践能力，学生便能以更好的状态去理解并掌握新出现的技术，进而具备持续学习以及开展创新活动的相应能力。

工程问题呈现出复杂性的特点，现代的工程问题常常会牵涉到诸多学科领域，要解决这些问题，必须综合运用多方面的知识以及技能。对学生实践能力加以培养，能助力学生更妥当地应对复杂的工程问题，提升他们的综合素养。

2. 实践能力培养的现状与挑战

实践教学方面存在资源短缺的情况。地方高校受到经费、设备等各类资源的局限，其实践教学所具备的条件相对不够完善。不少高校的实验室设备已然陈旧老化，难以满足现代工程教育提出的种种需求，如此一来便使得学生能够获得的实践机会变得颇为有限。

在高校的课程安排方面，存在理论与实践脱节的状况。部分高校在设置课程时，往往侧重于理论教学，而与之相对应的实践环节却显得颇为薄弱。学生在课堂之上确实学到了诸多的理论知识，然而到了实际动手操作之时，却鲜少有机会去应用这些所学知识，出现理论与实践脱节的情况。

高校教师存在实践能力欠佳的情况。不少高校教师确实有着较为丰富的理论知识储备，然而他们却缺少实际的工程方面经验，如此很难很好地去指导学生开展实践操作方面的活动。这或多或少对实践教学的效果产生了影响。

部分学生存在主动性不足的情况。这部分学生对实践环节并未给予足够的重视。他们认为，只要自身掌握理论知识，便足以应对未来的工作事务。这样的观念使他们在参与实践环节之时，欠缺主动性以及积极性，不利于他们实践能力的有效提升。

3. 实践能力培养的改革与创新

面对上述种种挑战，地方高校在对工科专业课程体系展开改革之际，要从诸多不同方面着力强化对学生实践能力的培养工作。

对课程结构予以优化，并增添实践环节。地方高校要重新对现有的课程体系展开审视，适度降低理论课程所占的比重，相应地增加实践课程的比重。可借助设置实验课、实训课、课程设计以及毕业设计等诸多环节的方式，给学生赋予更多开展实践的契机，并且，实践环节应当贯穿于整个学习进程之中，从低年级所开展的基础实验，一直到高年级实施的综合实训，逐步推动学生实践能力的提升。

强化校企间的合作，进一步拓展实践平台十分必要。地方高校需积极主动地同企业展开合作，建立起校企合作基地，从而能够赋予学生更多实习以及实训的契机。在校企合作的进程当中，学生有机会接触真实的生产场景，能够对企业的实际需求有所知悉，进而促使自身解决实际问题的能力得以提升。此外，高校也能够邀请企业的工程师参与到课程的设计环节中来，把企业的实际项目引入课堂之中，以此让课程的实用性得到增强。

要提升教师的实践教学能力。地方高校需要加强针对教师的相关培训工作，切实提升他们开展实践教学的能力。可以通过组织教师去参加企业实践活动、参与各类技术培训等诸多方式，让教师能够进一步增强自身的工程实践经验。同时，高校还应尽可能聘请企业工程师来担任兼职教师，使其参与到实践教学当中，从而有效弥补校内教师在实践经验方面存在的不足。

引入项目式教学，以此激发学生的主动性。项目式教学是一种以学生作为核心的教学方式，会让学生参与到实际的项目当中，培养学生的实践能力以及创新思维。地方高校如果能在相关课程中引入项目式教学这种模式，使学生以小组为单位，去完成一个完整的工程项目。在这一整个过程之中，学生综合运用自身所学的知识，去解决实际存在的问题，从而提升自身的实践能力还有团队协作能力。

强化实验室方面的建设工作，进一步优化实践条件。地方高校有必要在实验室建设上加大投入力度，对实验设备予以更新换代，以此来让实践教学条件得到改善。可借助申请政府所设立的专项资金、同企业携手合作共同建设实验室等多种途径，促使实验室的硬件水平得以提升。与此同时，地方高校也应当强化对实验室的管理工作，保证实验设备能够被有效加以利用，进而给学生营造出良好的实践环境。

关注创新能力的培养，积极鼓励学生投身到科研活动当中。实践能力的培养并非仅仅局限于动手操作能力得到提高，还涵盖了创新能力的培养这一方面。地方高校有必要鼓励学生参与到各类科研项目中去，借此来培养他们的科研能力以及创新思维模式。可以通过设立专门面向学生的科研基金、精心组织学生参加各种各样的科技竞赛等诸多方式，从而有效激发学生的创新热情，促使他们的综合素质得以提升。

三、强化创新创业教育

1. 创新创业教育的背景与意义

创新创业教育是借助系统的课程规划以及实践活动，来培养学生的创新意识、创业精神和实践能力，让学生能够拥有在复杂且多变的现代社会当中发现问题、剖析问题以及处理问题的本事。

创新创业教育已然成为应对科技革命以及产业变革的一种必然需求态势。当下，全球正在历经以人工智能、大数据、物联网等作为代表的新一轮科技革命，传统产业正遭受着被颠覆的状况，社会对人才所提出的需求已然发生了极为深刻的改变，不仅要求人才拥有扎实稳固的专业知识储备，而且还要求人才具备创新式的思维模式以及创业方面的能力素养，能够很好地适应快速变化着的环境，有力推动技术层面的进步发展以及产业方面的升级优化。

创新创业教育无疑是一种能够有效提升学生综合素质的途径。传统的工科教育通常将重点更多地放在知识的传授方面以及技能的训练之上，却在一定程度上忽略了对学生创新能力以及实践能力的培养。创新创业教育借助项目式学习、实践教学等一系列方式，能够充分激发学生的创造力，调动起他们的主动性，进而对他们的团队合作能力、沟通能力以及解决问题的能力加以培养，全方位地提升学生的综合素质。

创新创业教育是推动地方经济发展的一股重要力量。地方高校在地方经济社会发展进程当中扮演着极为重要的支撑角色，肩负着为地方培养高素质人才的重大责任。强化创新创业教育方面的相关举措，能够培养出数量更多的具备创新精神以及创业能力的人才，从而为地方经济源源不断地注入全新的活力，有力地推动地方产业结构实现优化升级。

2. 创新创业教育改革的现状与挑战

课程体系和创新创业教育二者的融合不足。不少地方高校所设的工科专业课程体系，大体上依旧将传统学科知识当作核心内容。而创新创业教育，常常处于一种被边缘化的状态，只是单纯地作为选修课或者课外活动而存在着，并没有能够和专业课程达成一种有机融合的状态。所呈现出的“两张皮”情况，使学生在将专业知识与创新创业实践相互结合上转换困难，不利于教育效果达成。

师资力量方面存在欠缺状况。创新创业教育对教师有着特定要求，教师既要有扎实且深厚的专业知识，又要拥有较为丰富的实践经验以及创新思维。但不少地方高校的教师，实际的企业工作经验以及创业经历都匮乏，如此很难有效地去指导学生开展创新创业实践活动。并且，还有部分教师在对创新创业教育的理解上存在着一定偏差，他们觉得这仅仅是少数学生所独有的“专利”，忽视了对全体学生的培养。

当下，实践平台存在短缺的情况，配套资源也较为匮乏。创新创业教育突出实践性以及应用性的特点，这需要有充足且多样的实践平台与丰富的资源作为有力依托。但就实际情况来看，不少地方高校因为经费方面存在诸多限制，所以在建设高水平的创新创业实践基地上困难重重。如此学生能够获得的实践机会受到限制，导致他们在将所学的理论知识切实转化为实际能力的过程中，遭遇诸多阻碍。

教育评价体系存在不完善之处。传统的教育评价体系大多把考试成绩当作主要的衡量标准，在此过程中却将对学生创新能力、实践能力以及综合素质的评价忽视了。这样单一的评价体系无法全方位地呈现出学生的创新创业能力，同时也不利于调动学生的创新热情。

3. 创新创业教育改革的路径与措施

构建融合创新创业教育的课程体系。地方高校需要打破以往传统意义上的学科壁垒，把创新创业教育有机融入工科专业课程体系，从而构建“专业教育加上创新创业教育”这样的双轨制课程体系。能够在专业课程里面增设创新创业相关模块，把创新创业所涉及的理念、方法以及工具融入专业知识的教学环节之中。如在机械工程专业方面，可以开设“智能制造与创新创业”的课程，紧密结合当下最新的智能制造技术，引导学生展开创新设计方面的活动以及进行创业实践方面的尝试。

也可借助跨学科课程的设计，推动不同学科彼此间的交叉融合。比如，可以开设“工程管理与创新创业”的课程，把工程管理和创新创业两者融合到一起，培养学生的跨学科思维以及综合能力。凭借这种融合式的课程设计，使学生在研习专业知识之际，逐渐培养他们的创新意识以及创业能力。

加强创新创业师资队伍建设。地方高校要通过多种多样的途径来强化师资队伍的建设，提升教师开展创新创业教育的能力。如可以引进有企业工作经验以及创业经历的教师，从而让师资队伍得以充实。这些教师一方面能够给学生提供丰富多样的实践经验，另一方面还能够凭借自身的创业经历，充分激发学生的创业热情。

能够借助培训以及进修活动，提高现有教师在创新创业教育方面的能力。地方高校可安排教师参与有关创新创业教育的专题培训活动，让他们学习到较为先进的教育理念与相关方法。同时，又鼓励教师投身到企业的实际项目当中，通过这样的方式来积攒实践经验，进而提高他们自身在创新创业方面的能力。

聘请企业方面的专家以及创业导师出任兼职教师，让他们参与到课程的设计环节以及教学实践活动当中。这些来自企业的导师，能够给学生带来最新的行业发展动态以及相关实践经验，而且还能凭借自身所经历的创业故事，鼓舞学生，让学生敢于去创新，勇于去开展创业活动。

建设多元化的创新实践平台。地方高校要通过各种各样的途径去着力建设多元化的实践平台，赋予学生丰富多样的实践机会。地方高校跟地方企业携手合作，一同创建创新创业实践基地，为学生提供更多创新创业实习以及实训方面的机会。当学生参与企业的实际项目时，他们便能够把所学到的理论知识切实应用到实践活动当中，有效提升自身的创新能力与实践能力。

能够借助校内创新创业实验室以及孵化器的打造，给学生搭建起创新创业的实践平台。地方高校能够设立创新创业实验室，同时为其配备较为先进的实验设备与各类工具，方便学生展开创新设计以及实验方面的研究工作。还能够设立创业孵化器，针对有创业想法的学生，给予他们办公场地、资金方面的支持以及创业方面的指导，助力他们把创业的想法切实转化成实际可操作的项目。

此外，凭借创新创业竞赛以及项目实践，唤起学生对创新创业的热情。地方高校可定期举办创新创业方面的大赛，激励学生组成团队参与比赛，借由竞赛促使自身的创新能力还有团队合作能力得以提升。与此同时，也可设立创新创业项目的相关基金，扶持学生开展创新创业项目，借助项目实践让其自身的创业能力获得提升。

完善评价体系。地方高校有必要构建起多元化的评价体系，以便对学生的创新创业能力展开较为全面且细致的评价。借助过程性评价这一方式，关注学生在创新创业实践期间的具体表现。可以凭借项目报告、实践所取得的成果以及团队合作等多种不同的方式，对学生所具备的创新能力、实践能力还有团队合作能力等各方面加以评价。

借助多元化的评价主体，能够让评价的客观性以及全面性得以提升。在这之中，除了教师给出的评价以外，还可把企业导师、创业导师以及同学的评价也引入进来，从诸多不同的角度对学生的创新创业能力展开较为全面的评价。

再者，能够凭借激励机制，激发学生的创新创业积极性。地方高校可以设立创新创业奖学金、创新创业学分认定机制，对在创新创业实践中表现优异的学生予以奖励。能够借助学分认定、授予荣誉称号之类的方式，激励学生踊跃参与到创新创业实践当中。

4. 创新创业教育改革的趋势

地方高校需要进一步强化和企业之间的合作关系，大力推动产学研实现深度融合。借助校企合作的模式，一方面可以赋予学生更多的实践契机以及创新创业方面的资源；另一方面，还能够助力高校科研成果的完成转化工作，进而推动地方经济不断向前发展。

地方高校需要积极探索创新创业教育方面的全新模式。可以把线上与线下的方式相互结合起来，以此来展开创新创业教育相关活动。在线上，能够借助慕课以及微课等多种形式，赋予学生丰富多样的学习资源；在线下，则能够凭借实践教学还有项目实践等各类方式，促使学生的实践能力得以提升。

地方高校有必要强化创新创业教育方面的国际化合作。当地方高校与国际上知名高校以及企业开展合作之时，便能够引入较为先进的创新创业教育理念还有相关资源，进而使学生的国际视野得以拓展，其自身竞争力也能够获得提升。

第二节 地方高校工科专业课程体系构建

一、课程体系设计原则

课程体系一方面要满足学科发展自身所具有的内在逻辑，另一方面还要与社会需求、学生发展以及地方经济的特点相适应。

1. 以学生为中心的原则

课程体系在设计之时，必须将学生置于中心位置，要全面考量学生的认知状况、学习方面的需求以及发展的目标指向。工科专业的学生通常具备较强的逻辑思维能力，同时实践动手能力也较强，不过，他们在学习兴趣、知识基础层面以及学习方式等方面存在一定差异。因此，课程体系应当做到因材施教，一方面给优秀的学生拓展的空间，另一方面也需要对在学习过程中遇到困难的学生给予相应的支持。

课程体系需要关注基础课程跟专业课程相互间的衔接，保证学生掌握扎实的理论基础知识，能够毫无阻碍地开启专业课程的学习进程。同时，在课程设计方面要重视学生的个性化发展，要提供种类丰富的选修课程，好让学生依照自身的兴趣爱好以及职业规划挑选契合自身的学习路径。此外，课程体系还应当关注对学生自主学习能力的培养工作，借助项目式学习、探究式学习这类方式方法，激发学生的学习兴趣以及创新能力。

2. 理论与实践相结合的原则

工科教育一个重要的特点，就是理论和实践紧密相连、不可分割。地方高校所开设的工科专业，其课程体系在设计之时要凸显实践性的特点，保证学生在对理论知识加以掌握的过程中，同步具备解决实际当中所出现的各类问题的相应能力。理论方面的课程固然重要，然而仅依靠理论知识远远不够，必须借助实践环节这一重要途径，将所学到的理论知识切实转化成为能够在实际场景中运用的实际技能。

在课程体系当中，实践环节理当贯穿于整个过程之中。在基础课程阶段，能够借助实验课以及课程设计这类方式，助力学生对理论知识予以理解；而到了专业课程阶段，便可以凭借实习、实训还有毕业设计等诸多环节，促使学生的工程实践能力获得提升。同时，地方高校还能够和企业携手展开合作，开展校企联合培养的相关工作，从而让学生在企业真实的工作环境中去锻炼自身能力，使其就业竞争力得以增强。

3. 适应地方经济发展的原则

地方高校所设立的工科专业课程体系在设计之时要同地方经济发展所呈现出的各类需求紧密贴合。地方高校肩负着诸多使命，其中一项使命便是要为地方的经济以及社会发展培养出具备较高素质的应用型人才。所以，在对课程体系加以设计的时候，应当全方位地考量地方产业结构所具有的实际情况、技术发展所呈现出来的趋势以及人才需求所展现出的诸多特点等方面的内容。

比如地方经济主要依赖制造业，那么课程体系就应当强化机械设计、自动化控制这类课程；倘若地方经济正朝着高新技术产业转变方向发展，课程体系便需要增添信息技术、人工智能等新兴方面的课程。而且，地方高校也能够依照地方企业的实际需求，开设一些定制化的课程，或者与企业携手合作一同开发课程，以此来保证学生所学到的知识和地方经济发展的需求能够紧密地相互对接。

4. 学科交叉与融合的原则

地方高校所开设的工科专业在针对其课程体系展开设计工作的时候，应当打破以往传统学科所存在的界限，要对不同学科之间存在的交叉情况以及融合状况给予充分的关注。比如，机械工程和电子信息技术这两者相互结合以后，便催生出了智能制造这一全新的领域；而土木工程与环境科学结合到一起，就会推动绿色建筑不断地向前发展。因此，在课程体系的构建方面，应当关注对跨学科课程加以设置，着力培养学生的综合能力。

在课程设计环节里，能够借助设置跨学科选修课程以及开设综合性实验项目这类途径，推动学科相互间的融合发展。如机械工程专业的学生，可以选修计算机编程课程；而电子信息工程专业的学生，也可以学习材料科学方面的基础知识内容。凭借着这种学科的交叉安排，学生便能够进一步拓宽自身的知识层面，同时也能在一定程度上增强自身解决复杂工程问题的相关能力。

5. 国际化与本土化相结合的原则

在设计地方高校工科专业课程体系的时候，要关注国际化同本土化相互融合。一方面，课程体系需要参考国际上较为先进的工程教育理念以及相关的课程设置模式，把国际化的教学内容与教学方法引入其中，以此来着力培养学生的国际视野，还有他们跨文化展开交际的相应能力；另一方面，课程体系还应当立足于本土实际情况，紧密结合地方所具有的特色以及实际的需求状况，从而培养出能够很好适应地方经济社会不断发展的高素质专业人才。

在国际化层面，能够借助开设双语课程、引进国外优质的课程资源以及开展国际交流项目等途径，促使课程的国际化水平得以提升。在本土化方面，则可通过设置带有地方特色的课程、开展针对地方产业的调研等方式，让课程的本土适应性得到增强。

6. 动态调整与持续优化的原则

工科领域的知识以及技术更新换代的速度相当快。地方高校所开设的工科专业，其课程体系要具备能够动态调整的能力，如此才可以跟得上技术以及产业快速发展的步伐。课程体系在设计方面不能一直保持原样、毫无变动，而是应当依据学科的发展态势、技术所取得的进步以及社会需求方面出现的种种变化，适时地做出调整与优化。

课程体系的动态调整能够凭借定期开展课程评估、听取行业专家给出的意见以及跟踪毕业生就业的实际情况等途径来达成。如果某一个领域当中的技术出现了重大的突破，那么课程体系便需要及时地把相关课程引入进来；倘若某一门课程教学所取得的效果并不理想，应及时对其加以整改或者直接替换。要持续拓展优化，保证课程体系的先进性以及实用性。

7. 注重创新能力培养的原则

地方高校所设立的工科专业课程体系在规划设计之时，要对学生的创新能力展开培养。创新能力所涵盖的范畴并非仅仅局限于技术层面的创新，它同时也囊括了在开展工程实践活动过程当中所必备的问题解决能力，以及团队协作方面的能力，还有创业方面的能力等。鉴于此，相应的课程体系理应借助多种多样的途径与方式，来充分激发学生的创新思维。

比如，能够凭借开设创新实践课程、组织创新创业竞赛以及设立创新实验室之类的方式，给学生搭建起开展创新实践活动的平台。与此同时，课程体系也需要有对学生批判性思维以及独立思考能力的培养，要激励学生敢于质疑，勇于展开探索，如此在往后的工程实践环节当中，激励学生提出具备创新性的解决方案。

8. 课程体系的系统性与完整性原则

课程体系属于一个有机的整体，各门课程存在内在的逻辑关联。地方高校工科专业的课程体系在设计的时候，要关注系统性以及完整性这两方面，要保证课程相互之间的衔接顺畅，防止出现课程内容重复的情况或者存在遗漏的现象。基础课程、专业基础课程还有专业课程这三者应当构建起一个知识体系，该知识体系要层次清晰，并且按照循序渐进的方式构成。

在课程设计方面，地方高校要对课程之间的纵向衔接以及横向联系给予足够重视。纵向衔接，说的就是基础课程、专业基础课程以及专业课程这几类课程之间存在的递进关联，其目的在于保证学生在将基础知识牢固掌握之后，能够较为顺畅地开启专业方面的学习进程。而横向联系所指的则是处于同一层次的诸多课程彼此之间的互补关联，确保学生在同一学习阶段可以较为完整地掌握相关知识。

9. 课程内容的先进性与实用性原则

在工科领域里，知识以及技术的更新换代速度相当快。地方高校所设置的工科专业课程体系，在设计之时就应当对课程内容的先进性以及实用性予以关注。课程内容需要及时去呈现学科前沿状况还有技术发展走向，保证学生可以学到最为新颖的知识与技能。与此同时，课程内容还得重视实用性这一方面，要确保学生所学的知识能够被运用到实际的工程问题当中去。

在对课程内容加以选择的时候，要注重将理论和实践两者结合起来。一方面，得引入最新理论研究方面的成果；另一方面，也需要结合实际当中的工程案例，以此来助力学生理解知识具体的应用场景。并且，课程内容还应当和行业标准做好对接工作，保证学生所学的知识能够契合行业方面的需求。

10. 课程评价的科学性与多样性原则

课程体系实施后所呈现出来的实际效果，必须依靠一套科学合理的评价体系去加以检验。地方高校所开设的工科专业，其课程体系在进行设计的时候，应当去关注课程评价所具备的科学性以及多样性这两个方面。课程评价不单是对学生学习所达成的效果展开评价，同时，它还涵盖了对课程自身质量的评价内容。

在对学生学习效果予以评价的时候，要将过程性评价同结果性评价结合起来。过程性评价能够借助课堂上的表现、作业完成的实际状况以及实验操作等多种途径来开展；而结果性评价则可依靠期末考试、项目答辩等不同方式来落实。至于在针对课程质量展开评价这一方面，可以凭借学生评教、同行进行评议以及专家展开评审等诸多方式，全方位地对课程的教学成效以及教学质量加以评估。

地方高校工科专业课程体系的设计实属一项颇为复杂且具系统性的工程，在这个过程中得全面考量各方面的因素，比如学生发展方面的情况、社会所呈现出的需求状况以及学科自身具备的特点等。依照上述设计原则，地方高校力求能够打造科学合理又有效的课程体系，从而为培养出具备高素质的工科人才筑牢极为坚实的基础。

二、课程模块设置与学分分配

课程模块的设置情况会直接对学生知识结构如何构建以及能力培养朝着何种方向发展产生影响，同时，学分分配方面的安排则在很大程度上决定了学生在各个不同学习领域所投入精力的比例状况。

1. 课程模块设置的基本原则

以学生为中心。课程模块在设置之时，要将学生的成长以及发展当作核心要点来对待，要周全地考量学生学习方面的需求、兴趣方面所呈现出的特点以及未来在职业发展方面所指向的方向。对于工科专业的学生而言，其不但要对扎实的理论知识予以掌握，还需具备相对较强的实践能力与创新意识。因此，课程模块在设计的过程当中，应当关注理论和实践二者的相互结合，与此同时，要为学生提供多种多样的选择空间。

以能力为导向。工科专业在设置课程模块的时候，要把培养学生的核心能力当作努力的方向，这里所说的核心能力涵盖了专业能力、实践能力、创新能力还有综合素质等。如专业能力模块，它能够把专业基础课以及专业核心课囊括其中；而实践能力模块，可以设置实验课、实训课，同时也能安排实习环节；至于创新能力模块，则能够引入科研训练、创新创业课程之类的内容。

以行业需求为引领。地方高校所开设的工科专业，理当紧密贴合区域经济的发展状况以及行业当下的实际需求，去设置能够与产业技术发展态势相契合的课程模块。就如面对智能制造、新能源、信息技术之类的新兴领域，完全可以额外增添与之相关的前沿课程模块，助力学生更好地掌握行业内最新出现的技术及其发展的趋势。

以学科交叉为特色。当代工程技术在其发展进程当中，愈发对多学科相互交叉以及融合形成依赖之势。因此，课程模块在设置的时候，就应当突破传统学科所划定的界限，把跨学科方面的相关内容融入进去。可以在工科类的专业里面引入人工智能、大数据分析这类信息技术课程，又或者，在传统的机械工程专业当中添加材料科学、环境工程等与之相关的一些内容。

2. 课程模块的主要类型

结合工科专业自身具备的特点以及其人才培养所设定的目标来看，课程模块大体上能够划分成如下几类。

通识教育模块。通识教育模块培养学生的综合素质以及跨学科思维能力，涵盖了人文社科、自然科学、艺术素养等诸多方面的课程内容。比如，设置哲学、经济学、管理学、心理学这类课程，以助力学生拓展其视野范围，进而提升他们的文化素养以及批判性思维能力。

专业基础模块。工科学生开展学习活动之时，专业基础模块是基石。涵盖的课程种类颇为丰富，一方面有着数学、物理、化学这类自然科学领域的基础课程，另一方面还包含工程制图、力学、电工电子等与工程紧密相关的基础课程。上述这些课程能够为学生在后续开展专业学习的过程中，稳稳地筑牢坚实且完备的理论根基。

专业核心模块。专业核心模块属于工科专业当中的核心部分，其包含着本专业极为重要的理论知识以及相关技能。以环境工程专业为例，它的核心模块可能会涵盖环境工程微生物学、固体废物处理工程、大气污染控制工程这类课程；再看机械工程专业，其核心模块或许会有机械设计、机械制造以及自动化控制等课程；而对于电子信息工程专业而言，它的核心模块则有可能包含信号处理、通信原理、嵌入式系统等课程。

实践能力模块。实践能力这一模块在工科专业课程体系当中占据着十分重要的地位，其主要作用在于对学生的动手能力以及解决实际问题的能力加以培养。该模块一般涵盖了诸如实验课、课程设计、综合实训以及生产实习等诸多环节。例如，可以设置机械加工实训课程，也可以安排电子电路设计实验，还能开展软件开发项目等课程，通过这些课程能够促使学生把所学到的理论知识在实践当中进行运用。

创新能力模块。创新能力模块旨在培养学生的创新思维以及科研能力，一般涵盖科研训练、创新创业相关课程、学科竞赛之类的内容。以课程设置为例，可以安排创新实验课、开展科研项目实践、指导创业计划书撰写等课程，以此来激励学生积极投入到科研活动以及创新创业实践当中去。

选修拓展模块。选修拓展模块给予学生丰富多样的学习选择机会，学生能够依照自身的兴趣爱好以及职业规划来选修与之相关的各类课程。该模块涵盖的课程种类繁多，其中有专业选修课，还有跨学科选修课，更有国际化课程等。如可以安排人工智能、物联网、绿色能源这类处于前沿领域的技术课程，或是开设诸如外语、国际工程标准之类的国际化课程。

3. 学分分配的优化策略

学分的分配在课程模块设置当中属于极为重要的配套举措，合理地对学分加以分配，这能够确保学生在各个不同的学习领域当中投入与之相匹配的时间以及精力。学分分配的优化策略如下。

平衡理论与实践。工科专业的学习必须要有扎实的理论根基，同时也离不开丰富的实践经验。所以，在学分的分配上得考虑理论跟实践的结合情况。如可以把总学分大概 60%的份额分配给理论课程，剩下的大约 40%分配给实践课程，保证学生在把理论知识掌握好的情形下，还能够凭借实践环节让自己的动手能力得到提升。

突出核心课程。专业核心课程向来是工科学生学习的关键所在，所以在学分分配方面要给予充分的关注。可以把专业核心模块的学分所占比例提升至总学分的 30%～40%这个区间，以此来保证学生能够较为扎实地掌握本专业的核心知识以及相关技能。

增加选修课比例。若想契合学生的个性化学习需求，便需适度加大选修课的学分所占比例。可以把选修拓展模块的学分占比提升至总学分的 20%～30%，便能给予学生更为充裕的选择余地，助力他们依照自身的兴趣以及职业规划来展开个性化的学习活动。

强化创新能力培养。创新能力属于工科学生所应具备的重要素质范畴，所以在学分分配方面要给予相应的倾斜处理。比如，可把创新能力模块的学分所占比例提升至总学分的 10%～15%这个区间范围，以此来激励学生积极参与诸如科研训练、创新创业这类活动。

注重国际化培养。在学分的具体分配方面，如果有能力，高校可以设置一定比例的学分专门用于国际化课程。如能够把外语方面的课程以及国际工程标准相关的课程等，统统归入选修拓展模块当中，同时给它们分别分配与之相对应的学分。

4. 课程模块与学分分配的动态调整

课程模块设置与学分分配不是一直固定不变的，它们应当依照学科的发展状况、行业具体需求还有学生给出的反馈来做动态调整。就如在新技术持续不断出现的情况下，要能够及时增设与之相关的前沿课程模块；依据行业在人才需求方面发生的变化，对实践能力模块的学分所占比例加以调整；按照学生学习所取得的效果以及他们反馈回来的情况，对课程内容还有学分分配予以优化。

地方高校还需进一步强化同企业以及行业之间的合作关系，积极邀请企业方面的专家参与到课程模块具体的设计工作当中，也让他们参与到学分分配的优化中去，以此保证课程内容能够和行业的实际需求紧密贴合在一起，进而提升学生在就业方面的竞争力。

三、课程内容更新与优化

课程内容方面的更新与优化，无疑是保障教育质量、培养出契合社会实际需求的高素质工程技术人才的推动力。

1. 课程内容更新的必要性

科技发展的推动。现代科技目前正以极快的速度持续发展着，其中在信息技术、人工智能、新能源以及新材料等诸多领域，新技术、新理论更是接二连三地涌现。工科专业所设置的课程内容如果无法做到及时更新迭代，学生便难以掌握当下最新的技术以及知识，在就业市场当中就会缺失应有的竞争力。比如传统的机械设计课程，目前主要在讲授经典力学方面的内容以及传统制造工艺相关知识，然而在现代制造业的大环境之下，数字化设计、3D 打印以及智能制造等这类技术早已发展成为主流技术。因此，课程内容要紧紧跟随科技发展的节奏，及时地把前沿知识引入课程当中来。

产业需求的驱动。伴随着产业结构不断地进行升级以及转型这个过程，企业对工程技术方面人才的需求情况也始终处于持续变化的态势之中。如传统的电子工程课程，其可能在以往主要聚焦于模拟电路以及数字电路的设计方面，然而在物联网、5G 通信这些新兴产业所带来的推动作用之下，嵌入式系统、无线通信技术等相关的内容就变得越发重要起来。因此，课程内容的更新工作要和产业的实际需求紧密地结合起来，只有这样才能够保证学生在毕业之后可以较为迅速地适应工作岗位所提出的各项要求。

教育理念的转变。当今时代，现代工程教育愈发重视对学生综合素质展开培养工作，并非仅仅局限于知识的单纯传授。以往传统的课程内容常常会侧重于理论知识方面的一味灌输，却在很大程度上忽略了对学生实践能力、创新能力以及团队合作能力等的培养。伴随教育理念出现转变这一情况，课程内容的更新工作便需要进一步重视将理论和实践紧密结合起来，要引入更多诸如项目式学习、案例教学这类方式，还有跨学科合作等内容，以此来着力培养学生的综合能力。

2. 课程内容优化的原则

理论与实践相结合。工科专业所涵盖的课程内容要关注理论和实践二者的结合情况。然而，仅仅依靠对理论知识的单纯学习那是远不足够的，唯有让学生真正投身到实践当中去，他们才能够切实地对这些知识做到熟练掌握并且自如运用。所以，在对课程内容加以优化完善之时，应适当增加实验、实训、项目设计此类实践环节，助力学生把所学到的理论知识成功转化为实际进行操作。比如计算机专业的课程，除了要对编程语言以及算法设计等内容展开讲授之外，还应当额外增添实际项目的开发这一环节，好让学生能够在亲身参与实践的过程中，对软件开发的具体流程以及相关技巧做到了解与掌握。

前沿性与基础性并重。课程内容在优化的时候，要注重其前沿性，要把最新的技术以及理论引入进来，同时还要保持基础性，要保证学生能将扎实的基础知识掌握好。前沿性的内容能够让学生对行业的最新动态有所了解，还能使他们的创新意识得以增强，竞争力也能有所提升；基础性内容，是学生进一步学习以及发展所依靠的基石。比如在自动化专业的课程当中，一方面要讲授传统的控制理论，另一方面还要把智能控制、机器学习这类前沿技术引入进来，确保学生在掌握基础知识的同时，还能够跟得上技术发展的趋势。

跨学科融合。当代工程方面所出现的各类问题，常常会牵扯到诸多不同学科的知识内容。仅仅依靠单一学科所涵盖的知识，已然无法妥善处理繁杂的工程相关问题。因此，针对课程内容展开的优化工作，得关注跨学科知识的融合情况，要努力打破各个学科之间存在的壁垒，推动不同学科彼此间能够实现交叉以及相互渗透。就好比在土木工程这个专业所设置的课程当中，完全可以引入环境工程、材料科学以及信息技术等其他学科的知识内容，来助力学生从多个不同的角度深入理解并且有效解决工程方面的各类问题。

个性化与多样化。学生的兴趣存在差异，能力状况也各有不同，连职业规划方面亦是如此。所以在对课程内容加以优化之时，理应将关注点放在个性化以及多样化上面，以此来满足不同学生的具体需求。能够借助设置选修课程，或是模块化课程之类的途径，从而给学生创设出更多可供挑选的余地。比如在电子信息工程专业所开设的课程当中，可以设定诸如通信技术、嵌入式系统、信号处理等各不相同的选修模块。

3. 课程内容更新的具体措施

引入前沿技术。课程内容的更新要紧紧跟上科技发展的前沿态势，适时地引入最新涌现出来的技术以及理论。能够借助与企业开展合作、积极参加各类学术会议、时刻跟踪行业发展动态等多种途径，去获取技术方面的前沿信息，随后再把这些信息巧妙地融入课程内容里去。就比如在计算机专业所开设的课程中，完全可以引入人工智能、大数据还有区块链等一系列的前沿技术，助力学生深入了解并且较好地掌握这些新兴领域所涉及的基本原理以及具体的应用方法。

加强实践教学。可以通过增加实验课程、增添实训项目以及安排企业实习等诸多方式，进一步强化学生的实践能力。比如在机械工程专业所设置的课程里面，可以相应地增加诸如数控加工、3D 打印这类实验课程，使得学生能够在实际动手操作的过程当中，实现对现代制造技术的有效掌握。

优化课程结构。对课程设置加以优化，并且增添一些选修课程，以此让课程结构变得更为合理恰当。比如在电气工程专业所开设的课程当中，可以把传统的电路理论以及电机学这类课程整合到一起，这样能削减其中重复的内容，同时还能增加电力电子技术以及智能电网等处于新兴领域的课程。

引入案例教学。案例教学属于一种颇具成效的教学方式，能够助力学生把理论层面的知识和实际应用彼此结合起来。在课程内容更新期间，不妨引入数量更多的实际工程方面的案例，以此来辅助学生理解并且掌握知识的具体应用情况。就好比在土木工程专业所设置的课程当中，可引入桥梁设计以及隧道施工这类实际工程案例，使学生经由对案例加以分析，进而掌握工程设计所涉及的基本原理和相关方法。

加强校企合作。在和企业展开合作期间，能够实时知晓行业的最新需求状况以及技术方面的动态情形，进而把这些内容融入课程内容。比如在软件工程专业所设置的课程中，可以邀请企业里的工程师来一同参与课程的设计工作，把企业实际项目的开发流程以及技术方面的要求引入进来，助力学生能够更好地适应未来的工作场景。

4. 课程内容优化的实施策略

建立动态调整机制。课程内容的优化并非一朝一夕就能完成，它是一个不间断的过程。地方高校有必要构建起动态调整的相关机制，要定期针对课程内容展开评估工作，并且及时对其进行更新处理。能够借助学生反馈、开展企业调研以及组织专家评审等多种途径，去深入了解课程内容所呈现出来的实际成效，随后依据反馈得来的结果去完成优化与调整方面的工作。

加强师资队伍建设。可以积极鼓励教师参与行业会议、投身技术培训，从而能够对最新的技术动态予以充分了解，进而将这些新的内容融入日常教学中去。

利用现代教育技术。现代教育技术给课程内容的更新以及优化赋予了全新的途径。地方高校可以借助在线课程、虚拟实验室、仿真软件这类现代教育技术来让课程内容变得更加丰富，进而提升教学效果。可以凭借在线课程平台，将国内外的优质课程资源引入进来，以此来拓展学生所具备的知识面；还可以通过虚拟实验室，对实际的工程环境予以模拟，从而强化学生的实践能力。

注重学生反馈。学生作为课程内容的直接承受者，他们所给出的反馈在课程内容优化方面有着不容忽视的重要意义。地方高校要构建起学生反馈的相关机制，要定期收集学生针对课程内容所提出的各种意见以及建议，参考反馈所得到的结果来做出优化与调整。可以凭借问卷调查或者座谈会等诸多方式，探知学生对课程内容的满意程度以及他们所给出的改进方面的建议，以此来保证课程内容能够愈发契合学生的实际需求。

第三节　地方高校工科专业课程教学改革实践

随着社会对工程技术人才的需求持续发生着变化，地方高校工科专业课程展开教学改革已然是一件迫在眉睫的事情。传统的教学模式大多以教师作为核心所在，侧重于对理论知识进行灌输式的传授，却忽视了学生实践能力以及创新思维的培养等。为了能够契合新时代提出的种种要求，地方高校在工科专业课程的教学方面积极地探寻一些全新的教学方法，如项目式教学、案例式教学以及混合式教学等教学方式慢慢变成了改革所趋向的主流方向。

一、项目式教学

项目式教学(project-based learning，PBL)属于一种把学生当作核心的教学方式，凭借完成实际项目来促使学生学习知识以及掌握技能。项目式教学可将理论知识同实践应用紧密相连，从而助力学生更为有效地理解并掌握所学的内容。

1. 项目式教学的特点

项目式教学有一个极为关键的核心特点，那便是“做中学”。学生去参与真实存在的或者模拟出来的工程项目的时候，从问题被提出，再到方案得以设计，直至最终完成实施的整个过程，全程都深度参与其中，进而把问题给解决掉。这种教学的方式不单能够对学生的动手能力加以培养，同时还能够在很大程度上锻炼他们在团队合作方面的能力、沟通表达方面的能力以及项目管理方面的能力。

在项目式教学的情境之下，教师已然不再扮演单纯的知识单向传授的角色，转而成为学生学习过程当中的引导者以及有力的支持者。教师需要依照课程所设定的目标精心设计与之相契合的项目任务，并且当学生在推进项目任务的过程中碰到各类困难的时候，要给予其必不可少的指导以及相应的帮助。学生会凭借自主开展学习以及合作的方式来进行探究等活动，一步一步地完成所布置的项目任务，最终达成知识有效建构以及自身能力得以提升的效果。

2. 项目式教学的实施步骤

项目式教学的实施通常包括以下几个步骤。

教师依据课程目标以及学生的真实状况，精心设计既带有挑战性同时又具备实用性的项目任务。这些项目任务要尽可能地贴近实际工程中存在的各类问题，便可充分激发学生的兴趣，使其萌生出强烈的探索欲望。

学生分组展开任务分配工作，各小组需分工协作来完成项目方面的任务。每个小组成员会依据自身所具备的兴趣以及特长来承担各不相同的角色，比如项目经理这一角色，还有技术负责人的角色，以及文档撰写者之类的角色等。

项目的施行是这样一个过程：学生在教师给予的指导之下，依照预先制订好的项目计划，一步一步地完成各项任务。在施行期间，学生要把之前学到的理论知识加以运用，以此来解决实际当中碰到的各类问题，而且要凭借开展实验、分析数据以及构建模型等多种手段，对所制定的方案究竟是否具备可行性予以验证。

在项目完成之际，学生得采用撰写报告、进行演示或者展示实物等诸多形式，将项目所取得的成果向教师以及同学予以汇报。成果展示这一环节不单是用于检验学生的学习成效，同时还为他们创造了一个能够锻炼自身表达能力并且可以接受各方反馈的良好契机。

在项目结束之际，教师会同学生一起针对项目的整个过程展开总结与反思工作，细致剖析项目里所呈现出的成功经验以及存在的不足，以便能为后续的学习以及实践活动给予一定的参照。

3. 项目式教学的优势与挑战

项目式教学有着不容小觑的优势，能够切实提升学生的实践能力以及综合素质。当学生参与到实际项目当中时，他们不但可以进一步加深对理论知识的领会，而且能够培养出解决复杂工程问题的相应能力。此外，项目式教学还可强化学生的团队合作意识，同时也能增强他们的责任感，进而为其未来的职业发展筑牢根基。

不过，项目式教学确实也碰到了挑战。其设计以及后续的实施环节，都要求教师得拥有比较高的专业素养，同时教学能力也得达标。在项目式教学的情境之下，学生的自主学习能力以及时间管理能力，都被提出了更高一层的要求。而且，项目式教学真正实施起来，需要有一定的资源给予支持，比如说实验设备、各类材料，还有技术方面的支持等。

二、案例式教学

案例式教学（case-based learning，CBL）属于一种教学方法，其主要是借助对实际案例加以分析以及讨论，以此来促使学生学习知识与技能。在工科专业相关课程当中，案例式教学可助力学生把理论知识和实际工程方面的问题相互融合起来，对他们分析问题的能力以及解决问题的能力予以提升。

1. 案例式教学的特点

案例式教学的关键特性在于“以案为例”这一点。教师会引入真正的工程案例，来引导学生对案例里存在的问题以及对应的解决方案展开分析，进而让学生对理论知识的理解得以加深。相较于传统的讲授式教学而言，案例式教学把更多的关注点放在了学生的主动参与以及互动讨论方面。

在案例式教学期间，教师要精心挑选或者设计具有代表性以及启发性的案例。所选案例要尽量贴近实际工程中存在的各类问题，如此方能有效引导学生展开思考以及相互讨论。至于学生，他们会通过对案例里的问题加以分析，进而提出属于自己的见解还有相应的解决方案，并且会在后续的讨论过程里持续不断地对自己的思路予以完善。

2. 案例式教学的实施步骤

案例式教学的实施通常包括以下几个步骤。

在案例的选取方面，教师要参照课程所设定的目标，同时结合学生当下的实际状况，挑选或者精心设计契合的案例。所选取的案例得具备典型的特征以及能给人以启发的特质，如此方能激起学生的兴趣，促使他们展开思考。

在教学过程中，教师会借助讲解、播放视频或者展示文档等多种形式，来向学生阐述案例的背景信息以及其中存在的问题。而对于学生而言，他们要熟悉案例的大致情况，明确在该案例里所呈现出来的关键问题以及所面临的种种挑战。

案例剖析方面，学生按小组形式，针对案例予以细致分析。在分析这一环节，学生得运用已学的理论知识，给出问题的解决办法，且经由讨论来持续优化自身的思路。

在案例讨论环节，各个小组在课堂上将自身分析所得的结果以及拟定的解决方案予以展示，并且展开互动式讨论。教师则要引导学生从各不相同的角度对问题加以思考，同时激励他们表达不一样的见解以及观点。

在讨论完成之后，教师会针对案例展开总结工作，明确指出案例里存在的关键问题，同时也会给出相应的解决方案，进而引导学生对分析过程中的得与失加以反思。

3. 案例式教学的优势与挑战

案例式教学具备显著优势，能够切实提升学生分析问题以及解决问题的相应能力。当学生对实际案例加以分析的时候，他们不但可以进一步加深对理论知识的领会，而且能够培养出批判性思维以及创新思维。此外，案例式教学还可促使学生的沟通表达能力得以强化，同时也有助于其团队合作意识的增强。

但案例式教学同样存在着挑战。案例的选取以及设计工作，要求教师拥有比较高的专业素养，同时还得具备相当的教学经验。案例式教学对学生自主学习的能力以及分析问题的能力，都提出了更高的要求。实施案例式教学需要花费一定时间，并且对教师的组织能力也有要求，特别是在大班开展教学的时候，如何才能有效地组织起讨论活动，这无疑是一个颇为棘手的难题。

三、混合式教学

混合式教学(blended learning)为一种把传统的课堂教学跟在线学习相互融合的教学手段。就工科专业课程而言，混合式教学完全可以充分借助现代信息技术的优势，能够赋予学生更为灵活且丰富多样的学习途径。

1. 混合式教学的特点

混合式教学最为突出的核心特点就在于其呈现出了“线上、线下结合”这样的模式。教师会借助在线平台来给出诸多学习资源，像是视频讲座、电子教材、在线测试之类的，如此，学生便能够在课前或者课后依照自身的情况去展开自主学习活动。到了课堂之上，教师会采用诸如讨论、开展实验、推进项目等多种不同的形式，助力学生对所学的知识加以巩固，并且促使学生能够更好地去应用这些知识。

2. 混合式教学的实施步骤

混合式教学的实施通常包括以下几个步骤。

在线学习的过程中，教师会借助在线平台来发布各类学习资源，如视频讲座、电子教材、在线测试等。学生能够在上课之前或者课后依据自身情况去自主开展学习活动，而且还可以凭借在线平台跟教师以及同学们展开互动交流。

在课堂环境之中，教师会借助诸如讨论、开展实验、推进项目等多样的形式，来助力学生对所学知识加以巩固，并且促使他们能够将这些知识切实应用起来。课堂互动不单是对在线学习起到补充，同时还为学生搭建起了一个能够展示自身学习成果的平台，并且给予了学生接受来自各方反馈的契机。

教师借助在线测试、作业以及项目等多种形式来验证学生的学习成效。评估所得到的结果，一方面是对学生学习成效的一种查验，另一方面也能够成为教师对教学策略予以调整的依据。

3. 混合式教学的优势与挑战

混合式教学具备显著优势，能够切实提升学生在学习方面的效率，同时还可增进学生学习的自主性。借助在线学习这一途径，学生能够依照自身的学习进度状况以及个人兴趣所在来挑选适宜的学习内容，并且能够凭借在线平台来和教师以及同学展开互动交流。此外，混合式教学还可以充分借助现代信息技术手段，从而为学生赋予更为灵活多变且丰富多样的学习方式。

混合式教学同样存在着一些有待应对的挑战。混合式教学要求教师得拥有比较高的信息技术方面的素养，同时还得具备相当不错的教学设计能力。混合式教学对学生自主学习的能力以及时间管理方面的能力都提出了比以往更高的要求。混合式教学在具体实施的过程中，需要有一定的技术支持，如在线平台、网络设备等。

第六章　地方高校工科专业实践教学体系构建与实施

第一节　实践教学体系构建原则

一、目标导向

构建实践教学体系，首先要有清晰明确的目标导向。目标导向是在构建实践教学体系之际，要紧密围绕工科专业人才培养的总体目标来开展相关工作，要切实保证实践教学所涉及的内容、所运用的方法以及所采用的评价标准等各个方面，都能够和这一总体目标相互契合，保持一致。

1. 人才培养目标的明确性

地方高校工科专业的人才培养目标往往涵盖如下方面：其一，要让学生拥有扎实的专业基础知识；其二，使学生具备不错的实践操作能力；其三，要让学生具有一定的创新能力以及解决实际问题的能力；其四，要促使学生具备良好的职业素养和团队合作精神。所以，在构建实践教学体系之际，要把这些目标加以具体化、进一步细化，保证每一个实践教学环节均能为达成这些目标起到助力作用。

2. 实践教学目标的层次性

实践教学目标在设定的时候要有层次性，要依据学生所处的不同学习阶段来设定不一样的实践教学目标。在低年级时期，实践教学所设定的目标重点在于协助学生掌握基本的实验技能以及相应的操作规范。到了中年级阶段，实践教学的目标就变成了培养学生综合运用自己所学知识解决实际问题的能力。等到了高年级阶段，实践教学的目标又进一步转变为培养学生的创新能力以及工程实践能力。通过这样有层次的目标设定方式，保证实践教学体系不但可以满足学生在各个阶段的不同需求，而且还能够为学生的长远发展打下坚实的基础。

3. 目标的可操作性

实践教学目标的设定要做到清晰明确，与此同时，还要具备可操作性。目标应当实在、可操作，且可以通过相应的教学手段以及方法实现。如目标设定为培养学生的实验操作能力，那么在实践教学体系当中就理应涵盖具体的实验项目、详细的操作步骤以及明确的评价标准，保证学生能够由实际动手操作达成这一目标。

二、系统设计

实践教学体系在构建时，要依照系统设计所秉持的原则来开展相关工作。系统设计，是要把实践教学所涉及的各个不同环节以及要素，以一种有机的方式紧密结合到一起，构建出完整并协调统一的教学体系。保证实践教学所能达成的效果最大化。

1. 教学内容的系统性

实践教学的内容要跟理论教学紧密相连，形成完整有机的整体。理论教学能够给予实践教学相应的理论根基，实践教学对理论教学起到巩固以及进一步深化的作用。所以，在构建实践教学体系的过程中，要周全地考虑理论教学所涵盖的内容，要保证实践教学的内容和理论教学的内容可以彼此呼应，还能够相互补充完善。如在讲授某一门专业理论课程时，可以设计与之对应的实验或者实训项目，以此来助力学生在实际操作实践中理解并且牢牢掌握理论知识。

2. 教学方法的多样性

实践教学所采用的方法理应呈现出多样化的特点，如此才能契合不同学生各自的学习需求以及他们所具备的特点。传统意义上的实践教学方法大体涵盖了实验、实训、实习之类的形式，不过伴随教育技术持续向前发展，数量越来越多的新型教学方法逐渐被引入到实践教学领域中，像是虚拟仿真、项目式学习、案例教学等均在此列。这些教学方法一方面能够促使学生的学习兴趣得以提升，另一方面还可以助力学生对实践技能有更好的理解与掌握。所以，在构建实践教学体系的时候，要依据不同的教学内容以及教学目标，以灵活的方式选择并应用多种多样的教学方法。

3. 教学资源的整合性

实践教学体系在构建过程当中，要充分顾及教学资源的整合。教学资源涵盖了实验室、实训基地、各类仪器设备以及师资力量等方面。这些资源若能实现合理的配置，并且得到有效的利用，将会对实践教学所达成的效果产生直接的影响。因此，在构建实践教学体系之时，必须针对现有的教学资源展开全面且细致的梳理工作，同时做好整合方面的安排，保证这些资源既能得到充分的利用，又能达成优化配置的状态。

4. 教学评价的科学性

实践教学的评价构成了实践教学体系极为重要的一部分。科学合理的教学评价不但能够反映出学生的学习成效，而且能为教学方面的改进给予相应依据。所以，在构建实践教学体系之际，要设计出科学且合理的评价体系。该评价体系应涵盖过程性评价以及结果性评价这两个层面。过程性评价重点着眼于学生在实践环节中的具体表现，像是操作的规范性、团队合作的能力等；结果性评价则主要聚焦于学生实践所取得的成果，比如实验报告、项目所达成的成果等。凭借这种具备多维度特性的评价，能够较为全面且客观地反映出学生的实践能力以及学习所达成的效果。

三、注重实效

1. 实践教学的实用性

实践教学的内容以及方法要具备实用性，也就是说其要能够助力学生掌握在实际工作场景中所必需的技能和知识。所以，在构建实践教学体系的过程之中，要周全地考量行业以及企业的实际需求，要保证实践教学的内容和行业实际情况紧密贴合在一起。可以借助和企业展开合作的方式，引入实实在在的工程项目或者案例，使学生能够在真实的工程环境中开展实践活动，进而提升他们实际动手操作的能力以及解决各类问题的能力。

2. 实践教学的创新性

实践教学需兼顾实用性与创新性这两个方面。创新性实践教学要鼓励学生展开创新思维活动，并且积极投身到创新实践当中。在构建实践教学体系之际，要规划一些既带有挑战性又富有创新性的实践项目，以此来激励学生自主设计这些项目，同时让学生自主实施它们，进而达到培养学生创新意识以及创新能力的目的。如可以设立开放性的实验项目，让学生能够自行挑选实验方案以及实验方法，通过他们自身的自主探索来完成相应的实验任务。

3. 实践教学的反馈机制

实践教学究竟能达到怎样的效果，需要依靠特定的反馈机制加以评估，并且基于评估结果来做出改进。所以，在构建实践教学体系的过程中，要建立起行之有效的反馈机制，以便能够及时且全面地掌握学生的学习状况以及教学所达成的实际效果，依据所获取到的反馈信息来对教学工作展开相应的调整与优化。这一反馈机制涵盖了多个层面，像学生方面的反馈、教师给出的反馈以及来自企业的反馈等。如可以借助问卷调查或者召开座谈会之类的方式，去广泛收集学生对实践教学所提出的各种各样的意见以及建议；同时，还能够通过与企业开展合作的途径，深入了解企业对学生实践能力以及职业素养的具体评价情况，进而为实践教学的进一步改进寻找到有力的依据。

4. 实践教学的持续改进

实践教学体系的构建绝非一朝一夕，它是一个处于不断改进以及逐步完善的过程。所以，在构建实践教学体系之际，要确立能够持续推动改进的相关机制，来保证实践教学体系可以依据行业需求所发生的种种变化以及教育技术所取得的发展成果，不停地实现更新与优化。如可以按照一定的周期对实践教学体系展开评估以及审查方面的工作，一旦发现存在的问题，就得马上做出相应的调整与改进举措；此外，还能够定期和其他高校或者企业展开交流合作，参考并汲取先进的实践教学经验，进而持续不断地对自身的实践教学体系加以完善。

第二节 实践教学体系内容设计

实践教学不单是理论教学的一种补充形式，更是培养学生动手能力、启发学生创新思维以及提升学生解决实际问题能力极为关键的途径。因此，如何去优化实践教学所涉及的内容，让其能够更加契合现代工程教育所提出的种种需求，已然成为地方高校工科专业在推进教学改革进程中所面临的一项重要任务。

一、优化实验教学课程内容

实验教学算得上工科专业实践教学当中的一个基础环节，它最为主要的目的就是凭借实验操作这一方式，助力学生对理论知识做到很好的理解以及切实的掌握，同时，培养学生的动手能力还有科学思维方面的素养。不过，以往传统的实验教学常常会存在一些问题，比如教学内容显得陈旧过时，教学形式太过单一乏味，而且还和实际的工程情况相互脱节等一系列状况。所以，对实验教学课程内容展开优化设计，便成了提升实践教学质量过程中首先要去完成的一项重要任务。

实验教学内容得紧跟学科前沿以及技术发展态势。地方高校所设的工科专业有必要定期对实验教学内容加以更新，把最新的工程案例还有技术手段引入其中。如在电子信息工程专业开展的实验教学活动里，可以增设物联网、人工智能这类前沿技术相关的实验项目，从而使学生在学习期间能够接触到技术方面的最新动态。

实验教学内容要重视理论和实践二者的结合。传统意义上的实验教学大多是以验证性实验为主要内容，学生仅仅需要依照实验具体步骤操作就行，在对实验原理的理解方面是较为欠缺深度的。要想改变这样的实际状况，在实验教学内容里就应当增添设计性、综合性以及创新性这几种类型的实验。如在机械工程专业相关的实验教学当中，能够设计一部分综合性的实验项目，要求学生依据所给定的工程方面的问题，凭借自身能力设计实验方案，并且完成相应的实验操作环节。如此不但能够让学生对理论知识的理解程度得以加深，而且还能提升他们的创新思维以及解决实际问题的能力。

实验教学内容需要关注跨学科融合。现代工程所面临的诸多问题通常会牵扯到多个不同的学科领域，仅依靠单一学科所开展的实验教学，往往是无法满足实际工程所提出的各项需求的。鉴于此，地方高校中的工科专业应当进一步强化对跨学科实验教学内容的开发工作。如在土木工程专业的实验教学环节里，可以把材料科学、环境工程等学科的相关知识融合进来，精心设计跨学科的实验项目，使得学生在学习的整个过程中能够较好地掌握多学科的知识，进而有效提升自身的综合应用能力。

实验教学内容需要关注学生的个性化发展状况。不同学生在学习兴趣方面以及能力水平上均存在着差异，所以实验教学内容要具备一定的灵活度，如此方能契合学生的个性化需求。如可以安排一些选修实验项目，学生能够依照自身的兴趣去挑选不一样的实验内容。此外，实验教学也能够运用分层教学这种方式，依据学生的能力水平来规划设计出不同难度层级的实验项目，保证每一位学生都可以在实验教学的过程中收获成长与进步。

二、优化实习实训课程内容

实习实训的内容要与行业需求紧密贴合起来。地方高校所开设的工科专业应当进一步强化同企业之间的合作关系，充分了解行业当下最新的需求状况以及技术层面的发展趋向，进而把行业需求巧妙地融入实习实训内容的设计环节中。如计算机科学与技术专业的实习实训，可以适当地引入企业中的实际项目，安排学生参与到软件开发、系统维护之类的实际工作中去，有效提升他们的实践操作能力以及职业方面的素养。

实习实训的内容理应涵盖项目驱动这一方面。以往传统的实习实训大多时候是以参观活动、观摩学习为主导形式的，在这样的模式之下，学生往往缺少能够亲自动手实际操作的契机。要对这样的状况做出改变，实习实训的内容就应当适当增添一些由项目驱动的实训项目。如给排水科学与工程这个专业开展实习实训期间，可以精心设计实际的工程项目，并且要求学生从对项目需求展开分析、对方案进行设计，一直到整个项目具体实施的全部过程都要参与其中，以此来着力培养他们的工程实践能力以及团队协作方面的能力。

实习实训内容要关注职业素养的培育方面。工科专业的学生，一方面要拥有扎实可靠的专业知识以及出色的实践能力，另一方面还要具备不错的职业素养。因此，实习实训内容要适当增添职业素养培育的相关环节。可以专门安排一些有关职业素养的培训课程，以此来助力学生深入知晓企业文化、职业道德、职业规范等方面的具体内容，进而有效提升他们的职业素养以及在就业方面的竞争力。

实习实训内容要接轨国际化视野培育。在全球化进程不断加快的当下，工科专业的学生需要拥有国际化视野以及跨文化沟通能力。如可以和国际企业达成合作，去开展海外实习实训项目，从而使学生能够在国际化的工作情境之中提升自身的实践能力还有跨文化交际能力。

三、优化毕业设计(论文)指导内容

毕业设计(论文)的目的在于让学生能够把所学的各类知识综合起来加以运用，解决实际工程当中存在的诸多问题，从而对学生的综合应用能力以及创新思维展开有效的培养。不过，以往传统的毕业设计(论文)指导工作，常常会出现一些状况，比如选题方面显得比较单一，在指导的力度上有所欠缺，而且还和实际的工程情况出现脱节等一系列的问题。因此，亟须对毕业设计(论文)指导的相关内容加以优化。

毕业设计(论文)选题要与实际工程问题紧密贴合。地方高校所开设的工科专业得进一步加强同企业之间的合作，深入去了解企业的需求以及所面临的技术方面的难题，把实际工程问题当作毕业设计(论文)选题的重要来源。如在土木工程专业的毕业设计(论文)环节中，可以挑选一些实际工程项目里涉及的设计或者施工方面的难题当作选题内容，以此促使学生在对实际工程问题加以解决的整个过程中，切实提升自身综合应用方面的能力以及创新思维方面的能力。

毕业设计(论文)指导工作需关注过程管理方面。以往传统的毕业设计(论文)指导大多侧重于最终结果，却对过程管理有所忽略，如此学生在开展毕业设计(论文)期间难以获得较为系统全面的指导以及有效的监督。要想改变这样的状况，毕业设计(论文)指导应当进一步强化过程管理环节。可以专门设置阶段性的检查以及评估相关环节，按照固定周期对学生的毕业设计(论文)进展状况展开细致的检查与评估，以便能够及时发现并妥善解决各类问题，进而切实保障毕业设计(论文)的整体质量。

毕业设计(论文)指导方面要对团队协作能力展开培养。当下的现代工程问题通常会牵涉到诸多学科领域，仅凭单个学生的能力是无法去解决复杂的工程问题的。因此，在毕业设计(论文)指导过程中应当增设团队协作方面的环节。可以设立一部分团队毕业设计(论文)项目，让学生们自行组成团队，一同完成毕业设计(论文)的相关任务，培养他们的团队协作能力以及沟通能力。

在毕业设计(论文)的指导工作方面，要对创新思维展开培养。工科专业的学生除了要拥有扎实稳固的专业知识以及较强的实践能力之外，还应当具备创新思维，同时还要拥有解决各类复杂问题的能力。因此，在毕业设计(论文)指导的过程当中，理应增加关于培养创新思维的相关环节。如可以设置一部分具有创新性的毕业设计(论文)项目，鼓励学生在开展毕业设计(论文)的整个过程中，提出全新的解决方案或者新的技术路线，进而对他们的创新思维以及解决复杂问题的能力加以培养。

四、优化创新创业实践课程内容

创新创业实践目的在于凭借开展创新创业项目这种实践活动，培养学生的创新思维、创业方面的意识以及实践操作能力。以往传统的创新创业实践常常只是走个过场，流于表面形式，学生很难拥有真正意义上的创新创业机会，创新创业实践效果并不是很好。

创新创业实践所涉及的具体内容，要与行业当下的实际需求以及技术层面正在发展的趋势紧密贴合。地方高校所开设的工科专业，要进一步强化同企业之间的合作关系，切实了解行业最新涌现出来的各类需求以及技术发展方面呈现出的趋势，从而把行业需求充分融入创新创业实践内容的设计环节中。如机械工程专业开展的创新创业实践活动中，可以引入诸如智能制造、工业机器人这类处于前沿领域的技术，进而据此设计出一系列创新创业项目，以便让学生在参与实际项目的过程中，有效地提升自身的创新思维能力以及实践动手能力。

创新创业实践的具体内容方面，以往传统模式下的创新创业实践大多以理论方面的讲授为主要开展形式，学生实际动手操作的相应机会就显得颇为匮乏。要对这样的现状做出改变，在创新创业实践内容，应当适当增加以项目驱动为特点的实践项目。如在电子信息工程专业所开展的创新创业实践活动中，设计一部分创新创业项目，并且要求学生全面参与从对项目需求展开分析、进行方案的设计，一直到项目具体实施的整个过程，培养他们的创新创业能力以及团队协作能力。

创新创业实践内容要深化创业素养的培养。工科专业的学生，一方面要拥有扎实的专业知识以及实践能力，另一方面也要具备不错的创业素养。因此，创新创业实践内容有必要增添创业素养培养的相关环节。可以开设一系列创业素养培训课程，以此助力学生了解创业政策方面的情况、熟悉创业流程、知晓创业风险管理等诸多内容，进而提升他们的创业素养，提高其创业成功的概率。

创新创业实践内容的设置要关注国际化视野的培养。在全球化进程不断加快的当下，工科专业的学生要拥有国际化视野，还要具备跨文化交际的能力。所以，地方高校所开设的工科专业要加大力度开发国际化创新创业实践内容。就如可以和国际企业达成合作，开展海外创新创业实践项目，从而使学生能够在充满国际化氛围的创新创业环境中，有效地提升自身的实践能力，同时也能增强自身的跨文化交际能力。

在实践教学体系中，实验教学、实习实训、毕业设计（论文）以及创新创业实践等方面的内容设计若能得以优化，能切实提升学生的实践操作能力，也有助于培养他们的创新思维。

第三节　实践教学体系实施保障

一、加强实践教学基地建设

实践教学基地是工科专业开展实践教学活动的重要场所，是一个能让学生将所学到的理论知识有效转化为实际操作能力的平台。实践教学基地的建设情况，不单与实践教学所呈现出来的质量有着紧密的关联，并且还会对学生综合素质的培养以及就业方面的竞争力产生极为直接的影响。

实践教学基地在建设之时，要和地方经济发展以及产业需求紧密贴合。地方高校所开设的工科专业，得依照当地实际的产业结构与发展走向，有目的地去建设实践教学基地。如当地主要发展的是制造业，那么在建设实践教学基地的时候，可以开展机械加工、自动化控制方面的相关设施建设；倘若当地重点发展的是信息技术产业，那么实践教学基地的建设便应当把侧重点放在软件开发、网络工程等方面的设施打造上。凭借和地方产业的这种紧密结合方式，实践教学基地一方面能够给学生营造出真实的实践环境，另一方面还能够给地方企业输送契合其需求的高素质人才。

实践教学基地在建设的时候，要对硬件设施的完善给予高度重视。工科专业的实践教学通常要有大量的实验设备、仪器以及工具，这些硬件设施自身的质量和数量会直接对实践教学所取得的效果产生影响。所以，高校方面需要进一步增加对实践教学基地的投入力度，要保证基地的设备齐备，而且还要符合不同层次、不同专业在实践教学方面的种种需求。同时，高校还应定期对设备展开维护以及更新工作，保证设备可以正常运行，并且能有足够长的使用寿命。

实践教学基地在建设之时，实践教学基地的软件环境所具有的重要性也不容小觑。高校需要为实践教学基地配备完备且有效的管理系统，保证实践教学所涉及的各个环节有条不紊地开展。使用信息化相关手段对实践教学基地实施管理，达成设备预约、使用记录以及维护保养等诸多功能的自动化管理目标。同时，高校也应当针对实践教学基地给予必要的技术层面支持，确保学生在参与实践活动的过程当中，能够在第一时间获取到相应的帮助以及专业的指导。

在实践教学基地建设过程中，高校要关注与企业展开合作。地方高校与企业携手合作共同打造实践教学基地，企业提供资源以及技术方面的优势，给学生营造出更为贴近实际、内容也更为多样的实践环境。高校可以和企业共同建立联合实验室，企业负责给予设备以及技术层面的有力支持，高校则提供场地以及相应的人力资源，双方一同开展实践教学以及科研相关的各项活动。通过高校和企业之间的这种合作模式，一方面能够促使实践教学的质量得以提升，另一方面还能给学生创造出更多的实习与就业机会。

二、加强实践教学师资队伍建设

实践教学师资队伍是切实保障实践教学质量极为关键的要素。对于工科专业而言，其实践教学一方面要求教师要有扎实稳固的理论知识，另一方面还要求教师拥有丰富多样的实践经验以及颇为突出的动手能力。

高校需要重视实践教学师资队伍的选拔以及引进。在挑选实践教学教师的过程中，高校要考量教师的实践经验还有动手能力，不能仅着眼于其理论水平。可以招聘有企业工作经历的工程师、技术人员等来担任实践教学教师，又或者从企业中聘请兼职教师，为学生提供更贴合实际的实践指导。同时，高校也能以引进高层次人才、海外留学归来人员等途径，促使实践教学师资队伍的整体水平得以提升。

高校需重视实践教学师资队伍的培养与培训工作。实践教学教师要有扎实的理论知识储备，自身的实践技能以及知识结构也要不断予以更新。所以，高校要给实践教学教师创造多种多样的培训契机，组织教师去企业参与实践活动、参加国内外的学术会议、参与专业技能方面的培训等。这些培训使教师能够持续更新自身的知识与技能，进而提升实践教学的能力以及相应的水平。

高校要强化实践教学师资队伍激励机制。实践教学教师所承担的工作，相较于理论教学教师而言，往往要为艰辛且繁杂一些。高校有必要构建起合理的激励机制，充分调动实践教学教师在工作中的积极性以及创造性。如可以设立专门针对实践教学的奖励、提升实践教学教师的薪资待遇、给予更多的职业发展契机等多种途径，激励教师更踊跃地投身到实践教学工作中。

高校须关注实践教学师资队伍的团队建设。实践教学通常离不开多位教师彼此协作，高校须持续关注实践教学团队的建设以及培养工作。如组建实践教学团队、开展团队形式的教学活动、组织针对团队的培训等，提升实践教学团队的整体水准以及协作方面的能力。团队建设一方面能够促使实践教学的质量得以提升，另一方面还可以推动教师之间展开更多的交流与合作，进而营造出良好的教学氛围。

三、加强实践教学管理

高校要依据实践教学自身所具有的特点以及实际的需求状况，不断完善实践教学管理制度，明确实践教学里各个不同环节以及各个不同部门所肩负的职责与任务。可以制订实践教学计划、实践教学大纲，以及实践教学考核办法等相关内容，保证实践教学的每一个环节在开展过程中都有规章可遵循，也有确切的依据可参照。

高校需强化实践教学的过程管理工作。高校要对实践教学所涉及的各个环节展开全程的细致监控以及妥善管理，保证实践教学的每个环节都可以依照预先设定的计划以及相关要求有序开展。可以借助定期检查、随机进行抽查以及收集学生反馈等多种方式，来对实践教学的各个环节实施监督并开展评估，以便能够及时发现并有效解决所出现的各类问题，进而确保实践教学的质量以及最终呈现出来的效果。

高校要进一步强化实践教学方面的质量管理工作。高校需建立起一套完备的实践教学质量评估体系，从而针对实践教学所涉及的各个具体环节展开科学合理的评估。通过如学生给出的评价、教师自行开展的评价以及专家所做的评估等多种不同的方式，来对实践教学的质量予以全方位的评估，以便能够及时发现存在的问题并且有效加以解决，进而促使实践教学的质量以及水平得以持续不断地提升。

高校有必要进一步强化实践教学方面的信息化管理工作。随着信息技术不断发展，信息化管理已然变成了实践教学管理的一种重要手段。高校需充分借助信息技术的力量，构建起完善的实践教学管理信息系统，达成对实践教学各个环节实施信息化管理的目标。如凭借实践教学管理信息系统，完成实践教学计划的拟定、实践教学资源的调配、实践教学过程的把控以及实践教学质量的评定等诸多功能，促使实践教学管理的效率与水平得以提升。

第七章　地方高校工科专业师资队伍建设与评价

第一节　师资队伍建设目标与思路

一、建设目标

地方高校工科专业师资队伍在建设方面有着明确目标，就是要全力打造出一支具备高素质、高专业化且创新能力突出的教师队伍。

提升教师队伍的整体素质。教师自身素质的高低直接关系到人才培养质量的优劣。对于地方高校的工科专业而言，在开展师资队伍建设工作的时候，首要目标便是促使教师的学术水平得以提升，让教师的教学能力获得提高，并且使教师的工程实践能力也得到增强。可通过引进学术等方面的高层次人才，大力加强针对教师展开的各类培训活动，积极鼓励教师踊跃参与到各项科研项目当中等方式，逐步促使教师的学历层次往上提升，使教师职称结构也逐步优化，进而打造出一支以教授、副教授作为骨干力量，并且以拥有博士学位的教师作为主体的具备较高水平的师资队伍。

优化教师队伍的结构。地方高校工科专业的师资队伍结构需要更为合理，一方面，要注重年龄结构呈现出梯队化的态势，年轻教师、中年教师以及资深教师之间的比例应当安排得当，保证教师队伍既具备充足的活力，又拥有丰富的经验；另一方面要注重学科背景的多元化，教师的学科背景要涵盖工科的各个不同领域，防止因单一学科背景而产生各种局限性，推动跨学科方面的合作以及创新活动得以顺利开展。

增强教师的工程实践能力。工科专业自身所具备的特点，决定了从事该专业教学工作的教师，不光要拥有十分扎实的理论知识体系，同时还应当具备相当丰富的工程实践方面经验。地方高校工科专业在开展师资队伍建设工作时，其中一个重要目标便是积极鼓励教师投身到企业实践活动当中去，参与诸如工程项目的设计环节以及具体实施环节等，以此来有效提升教师的实践操作能力。借助与企业展开合作、建立产学研基地等一系列方式，促使教师切实地把所掌握的理论知识和实践操作有机结合，能更好地指导学生妥善解决在实际当中所遇到的各类问题。

培养教师的创新能力。如何提升教师的创新意识还有能力？可以通过多种途径来实现，如积极鼓励教师申报各类科研项目，让教师参与国际学术交流活动，开展关于教学改革方面的研究等。通过这些举措，就能够推动工科专业在教学以及科研这两个方面的水平持续地得到提升。

服务地方经济发展的能力。地方高校所设立的工科专业，在多数情况下和地方经济的发展有着极为紧密的关联。所以，在进行师资队伍建设之时，应当把提升教师服务地方经济的能力这一项涵盖进去。如果教师能进一步强化和地方企业之间的合作，并且积极参与到地方的重大工程项目当中去，他们就可以更为透彻地了解地方经济发展所呈现出来的种种需求，有助于他们培养出契合地方产业实际需求的、具备较高素质的工程技术方面的人才。

二、建设思路

引进与培养并重，优化师资结构。要制定出颇具吸引力的人才引进政策，吸引国内外优秀的博士、博士后，还有具备丰富工程实践经验的专家，让他们能够加入教师队伍当中。与此同时，对于现有的教师，同样也需要给予重视并加以培养。可以通过让教师在职攻读博士学位、参加国内外各类学术会议以及去做访问学者等多种方式，促使教师的学术水平得以提升，教学能力也能够得到增强。

加强教师培训，提升教学与科研能力。地方高校需要定期安排教师去参与教学技能方面的培训、科研方法方面的培训，还有工程实践方面的培训，以此来助力教师对自身知识结构做出更新，进而能够对先进的教学方法以及科研工具做到很好的掌握。尤其是针对年轻教师而言，应当借助“导师制”之类的方式，协助他们较为快速地适应教学以及科研方面的工作，促使他们的综合素质得以有效提升。

推动产学研合作，提升教师实践能力。工科专业的教师要具备颇为不错的工程实践能力，所以，地方高校要积极推动产学研方面的合作，大力鼓励教师参与到企业项目当中去，也参与工程设计方面的工作，还参与研发方面的工作。和企业构建起长期的合作关系，设立起产学研基地之后，教师就能够在实践过程里积攒下经验，而且还能把这些所积攒的经验带到课堂之上，以此提升教学所呈现出来的实际成效。与此同时，产学研合作还为教师提供了科研课题以及经费方面的支持，这对提升教师的科研能力是很有帮助的。

鼓励教师参与科研与创新，提升学术水平。地方高校理当鼓励教师踊跃申报各类科研项目，积极投身到国家级、省部级科研课题的研究工作当中。同时，学校要设立专门的科研基金，用以支撑教师展开具有创新性的研究。借助科研成果的转化这一方式，能够使教师自身的学术水平得以提升。

建立科学的评价机制，激励教师成长。科学的评价机制是师资队伍建设的重要保障。地方高校理应构建起多元化的教师评价体系，不能仅着眼于教师的教学工作量，还应当充分重视教师在教学质量、科研成果以及工程实践能力等诸多方面的情况。借助设立诸如教学奖、科研奖、实践奖这类激励机制的方式，能够有效激发教师的工作积极性以及创新精神。与此同时，评价机制需要具备一定的灵活性，要准许教师依照自身的特点来选定不同的发展方向，教学型、科研型或者教学科研并重型等都是可供选择的方向。

加强国际交流与合作，拓宽教师视野。可以和国际上颇为知名的高校以及科研机构构建起合作方面的关系，积极鼓励教师投身到国际学术交流活动当中去，参与到合作研究的相关项目里，让教师的国际视野得以有效拓宽，促使他们的学术水平以及教学能力都能够获得提升。同时，学校也完全能够引进国外优秀的工科教师，让他们来到学校开展讲学活动或者从事任教工作，进而推动教师队伍朝着国际化的方向不断发展。

注重师德师风建设，提升教师职业素养。教师不单单是知识的传播者，更是在学生成长道路上起着引领作用的人。可通过开展师德方面的教育活动、树立起优秀教师的典型范例等多种方式，引导教师树立起正确的教育理念以及看待学生的正确观念，从而切实做到既传授知识又培养人才，在言行举止上都能成为学生学习的表率。

加强团队建设，促进教师合作。工科专业自身所具备的特点使得教师之间展开合作显得格外重要。地方高校理当积极鼓励教师去组建科研团队以及教学团队，借助团队合作，促使教师的整体水平得以提升。就跨学科的研究项目而言，团队合作能够让教师的专业优势得到充分施展，推动学科之间的交叉与融合，助力工科专业实现创新发展。

第二节　师资队伍建设措施

一、引进与培养高水平人才

地方高校工科专业在师资队伍的建设方面，其中一项任务便是积极引进并着力培养高水平的人才。高水平人才是有力推动学科向前发展、切实提升教学质量、有效提高科研水平的核心力量。所以，高校要制定出科学合理的人才引进以及培养方面的策略，保证师资队伍的整体素质能够持续提升。

1. 引进高水平人才

地方高校需要依据自身学科发展的实际需求，来制定具有吸引力的人才引进相关政策。地方高校通过提供优厚的薪酬待遇、安排科研启动经费、发放住房补贴等一系列物质方面的优厚条件，吸引国内外的优秀人才前来加盟。地方高校应当关注引进人才的学术背景以及研究方向，保证其和学校的学科发展走向相互契合。近几年，高校可以把重点放在引进在智能制造、新能源、信息技术等诸多领域当中有着突出研究成果的学者身上。

地方高校还可以凭借柔性引进这一方式，把国内外知名学者吸引过来，让他们担任兼职教授或者客座教授一职。这种方式一方面可以对全职引进人才存在的不足予以弥补，另一方面还能够给学校增添更多的学术资源以及合作契机。高校能够和国内外知名企业、科研机构展开合作，邀请这些单位的高级技术人员或者研究员依照一定的周期来到学校展开学术交流活动或者进行授课，促使师资队伍在实践能力以及科研水平这两个方面都得以提升。

2. 培养现有人才

在引进具备高水准的人才之际，地方高校同样需要关注对校内现有人才的培养工作。借助于一套系统完备的培养规划，努力提升现有教师的学术造诣以及教学方面的能力，从而促使他们能够一步步地发展成为高水准的人才。

地方高校需要鼓励教师参与到国内外的学术交流以及合作当中。教师借助参加国际学术会议、参与访问学者项目、投身联合科研项目等诸多途径，能够知晓学科前沿的相关动态，进而拓宽自身的学术视野，还能在一定程度上提升科研方面的能力。地方高校可以设立专门的专项基金，资助教师参加国际学术会议，或者前往国外知名的大学展开短期的访学活动。

地方高校要强化针对青年教师的培养工作。青年教师是学校在未来实现发展的中坚力量，要为他们营造出良好的成长环境，搭建起适宜的发展平台。高校可以设立专门面向青年教师的科研基金，以此助力他们开展具有创新性的研究活动；同时，还可以借助导师制、安排教学观摩活动以及举办教学竞赛等多种途径与方式，促使青年教师提升自身的教学能力水平。

地方高校需要格外重视教师的职业发展规划。可以通过制订具有个性化特点的职业发展计划，助力教师明确自身的职业目标以及发展路径。高校能为教师打造多样化的职业发展通道，如教学型、科研型，还有教学科研并重型等不同类型，让教师可以依据自身的兴趣爱好以及所具备的特长来挑选契合自身的发展方向。

二、加强教师教学效能提升

教师的核心能力涵盖多个方面，其中教学能力尤为关键，它和教学质量以及学生的学习成效有着直接的关联。要对地方高校的工科教师系统地开展教学能力培训，如设置教师发展相关科室，定期组织教师进行职业培训，促使教师教学水平得到提升，保证教师有能力承担起现代高等教育所赋予的教学工作任务。

1. 教学理念与方法的培训

在教育技术持续取得发展以及教育理念不断更新的形势下，传统的教学方式已经无法完全满足现代高等教育提出的各种需求。所以，高校需要进一步强化对教师教学理念以及教学方法所开展的相关培训工作，助力教师能够更好地掌握较为先进的教学方法以及相关的教学手段。

地方高校可以组织教师参与关于教学理念以及方法方面的专题培训活动。地方高校可以邀请国内外颇为知名的教育专家到学校来举办讲座，或者开展工作坊这类活动，在这个过程中，专家们会向教师们介绍一些比较先进的教学理念还有各式各样的教学方法，如翻转课堂、混合式教学、项目式学习。借助于这些培训活动，教师能分享交流当下最新的教育发展走向，能掌握多种多样的教学方法，最终实现课堂教学效果提升。

地方高校要激励教师投身于教学改革以及相关研究当中。设立专门的教学改革项目和教育教学规划项目，支撑教师开展具有创新性的教学实践活动。教师要尝试把信息技术融入课堂教学中，开发在线课程或者其他教学资源，促使教学的互动性以及趣味性都得以提升。同时，地方高校也要组织开展教学经验的交流活动，鼓励教师将自身的教学心得以及成功案例分享出来，推动教学经验得以传播和推广。

2. 教学技能的提升

地方高校还应当关注教师教学技能的进一步提升。教学技能涵盖课堂组织方面的能力、教学语言表达方面的能力以及教学设计与实施方面的能力等，这对于教师是否能够顺利完成各项教学任务至关重要。

地方高校可以凭借教学观摩、教学竞赛等途径，提高教师在课堂组织方面以及教学语言表达方面的能力。地方高校可定期组织开展教学观摩活动，把优秀教师邀请过来进行示范教学，其余教师借着观摩这一契机，学习优秀教师的教学技巧以及课堂管理方面的办法。此外，地方高校还可以举办教学竞赛活动，并对高水平教师教学竞赛获奖的教师加以奖励，以此激励教师展示自身的教学风采，借助竞赛活动让教学技能得以提升。

地方高校需强化针对教师教学设计能力所开展的培训工作。教学设计是教学得以实施的重要前提条件，优质且合理的教学设计，能够切实有效地提升整体教学效果。地方高校可以凭借举办教学设计相关的工作坊这种方式，助力教师去熟练掌握教学设计所涉及的基本原理以及具体方法。教师能够学习如何依据学生所具有的认知方面的特点以及他们的学习实际需求，精心设计出科学的教学目标以及与之匹配的教学内容，并且从中挑选出恰当合适的教学策略以及评价的方式，以此来充分保证教学整个过程具备应有的科学性以及有效性。

3. 教学评价与反馈

借助科学合理的教学评价方式，教师能够清楚知晓自身在教学方面所具备的优势，同时也能发现存在的不足，依据这些情况，有针对性地对教学活动做出改进。

地方高校有需要构建起多元化的教学评价体系。在传统的学生评教基础之上，引入诸如同行评价、专家评价以及自我评价等多种不同的评价方式，以此对教师的教学效果展开较为全面的评估。通过同行评价，教师之间可以通过相互听课以及进行评课等活动，帮助教师发现自身在教学过程中所存在的一些问题；而专家评价，借助教学督导或者教学顾问给予的相关指导，能给予教师较为专业的改进方面建议。

地方高校要关注教学评价结果的反馈以及应用。定期开展教学评价反馈会议，教师能够知晓评价结果，并且依照反馈所给出的意见来对教学做出改进。如地方高校能够设立专门的教学改进基金，来对教师给予支持，让教师依据评价结果去开展如开发全新教学资源、改良教学方法这类的教学改革项目。

三、完善教师综合评价与激励机制

科学且合理的教师评价与激励机制，能切实有效地调动起教师所具备的积极性以及创造性，推动教师在职业发展道路上不断前行，同时也对学校的整体发展起到促进作用。

1. 建立科学的评价体系

一套科学的评价体系构成了教师评价以及激励机制得以有效运行的根基。地方高校需要结合教师具体的岗位职责以及其独有的工作特点来构建多元化的评价体系，切实保证评价能够兼具公平性与科学性这两大重要特质。

地方高校需要依照教师所从事的不同岗位类型，制定出存在差异的评价标准。教学型教师，其评价标准应当把重点更多地放在教学效果方面，也需关注教学改革所取得的成果，同时还得重视学生给出的评价等相关方面。对于科研型教师而言，评价标准应当侧重科研成果，对科研项目的开展情况要予以考量，另外学术影响力等方面同样不可忽视。至于教学科研并重型教师，评价标准就应当对教学以及科研这两个方面的具体表现都能兼顾。

地方高校要关注评价过程的透明性以及公正性。要通过将评价标准、评价程序还有评价结果予以公开的方式，来保证教师能够对评价过程充分知晓以及切实参与。如地方高校可以建立教师评价委员会，该委员会可由教师代表、学术委员会成员以及教学督导等人员共同组成，其负责对教师评价展开具体的落实以及实施监督方面的工作，保障评价过程具备应有的公正性以及权威性。

2. 完善激励机制

激励机制无疑是一种能够有效调动教师积极性以及创造性的重要手段。应当依据教师各自的需求状况，同时结合学校自身的发展目标规划，制定多种多样的激励措施，充分激发教师在工作方面的热情，并且挖掘出他们所具备的创新潜力。

地方高校要建立物质激励和精神激励相互结合的激励机制。物质激励方面，薪酬待遇、科研经费、住房补贴等都包含在内，这些能较为直接地满足教师在物质方面的种种需求；而精神激励，其中涵盖荣誉称号、学术奖励以及职业发展机会等，它们能够对教师的成就感以及自我实现方面的需求给予满足。如地方高校可以设立“教学名师奖”“科研创新奖”等这类荣誉称号，对在教学以及科研方面表现突出的教师予以表彰；同时，通过为教师提供国内外的学术交流机会、开辟职业晋升的通道等举措，激励教师持续不断地提升自身的能力。

地方高校需重视激励所具备的及时性以及针对性。定期开展的绩效评估以及奖励发放相关工作，保证教师可以及时接收到激励方面的反馈信息。设立年度绩效奖励机制，依据教师在工作当中的具体表现以及所做出的贡献情况，给予其对应的奖励。同时，结合教师各不相同的需求状况，推出具有个性化特点的激励办法，如给青年教师提供科研启动方面的经费，给予中年教师职业发展方面的指导等。

3. 促进教师职业发展

地方高校需要给教师供应多种多样的职业发展途径。应当给予教师职业发展规划方面的指导，助力其清晰地明确自身的职业目标以及发展路线。

地方高校需要关注教师的职业成长环境。为教师营造出优良的工作条件，创造出浓厚的学术氛围、搭建良好的发展平台等，推动教师在职业方面获得成长。设立专门的教师发展中心，中心可以给予教师教学方面的培训、科研层面的指导以及职业规划之类的各项服务；同时，通过构建学术团队，搭建起科研平台等做法，推动教师彼此之间展开合作以及相互交流，提升教师自身的学术水准以及在职业领域的竞争力。

第三节　师资队伍评价体系构建

评价体系不单是对教师工作表现予以简单的总结概括，它在很大程度上还起着对教师未来发展加以引导的重要作用。因此，着力构建起一个既全面又客观，同时还具备可操作性的师资队伍评价体系，是地方高校工科专业发展所面临的一项重要内容。

一、评价指标体系

1. 教学能力

高校教师最为首要的职责在于教学，所以，教学能力自然是评价指标体系里一个重要组成部分。具体指标涵盖以下方面。

教学工作量：如每学期承担的课程门数、课时数等。

教学质量：可借助学生评教、同行评教以及教学督导评教等诸多方式予以评估。

教学成果：如教材编写、教学改革项目、教学竞赛获奖等。

学生指导：涵盖诸多方面，如本科生毕业设计方面的指导，研究生阶段学习的指导，以及学生创新创业项目方面的指导等。

2. 科研能力

科研能力无疑是衡量高校教师学术水平的一项关键指标。工科专业的科研能力状况会直接关联到学科的发展态势以及学校的声誉。科研能力的评价指标具体可以涵盖：有关科研项目方面，涉及主持或者参与的科研项目具体数量及其所属级别，如国家级、省部级、横向项目等这类情况。科研方面所取得的成果体现在多个方面,如发表的学术论文,其不仅有数量上的呈现,在质量层面同样有所展现,比如是否被 SCI、EI 等收录的情况。此外,还有专利获得授权的情况,以及技术实现转化等方面的情况。科研奖励:获得的科研奖励级别和数量。学术影响力:如学术兼职、学术会议报告、期刊编委等。

3. 师德师风

教师的职业素养在多方面有所体现,而师德师风无疑是其中极为重要的一个方面。特别是在高校的教育场景之下,教师的一言一行,会对学生产生颇为深远的影响。师德师风的评价指标涵盖的内容可以有如下几个方面。

职业道德:是否遵守教师职业道德规范,是否廉洁从教等。

师生关系:是否关心学生成长,是否与学生保持良好的沟通和互动。

学术道德:是否遵守学术规范,是否存在学术不端行为。

4. 社会服务

高校教师一方面需要在校内肩负起教学以及科研方面的诸多任务,另一方面也应当积极投身到社会服务当中去,推动科技成果得以有效转化,服务地方经济实现良好发展。社会服务的评价指标可以涵盖以下这些方面。

有关技术咨询方面以及与之相关的服务:主要涉及为企业或者政府提供技术方面的咨询服务,其中涵盖提供这类咨询与服务的具体次数情况,以及最终所呈现出来的实际效果。科技成果转化所涉及的方面,主要在于科技成果于实际生产环节当中的应用状况,要看其究竟有没有产生经济效益,或是社会效益等方面的情况。

社会兼职:如担任行业协会职务、政府顾问等。

5. 团队合作与领导力

在工科专业领域里,团队合作所具有的重要性显得尤为突出,诸多科研项目以及技术开发均离不开团队协作。其涵盖的内容可以包含以下方面:团队合作方面,重点关注在科研团队以及教学团队当中的具体表现情况。要看其是否能够积极主动地参与到团队工作中去,同时还要考量其是不是可以和其他人达成良好的合作状态。领导力这一概念涉及诸多方面,如是否具备带领团队顺利完成重大项目的能力,以及是否能够对团队展开有效组织与管理等情况。

6. 个人发展

教师的个人发展同样属于评价体系里极为重要的内容,特别对于年轻教师来讲,其个人发展所具备的潜力和其未来的职业成长有着直接的关联。评价指标能够涵盖的内容有如下几个方面。

继续教育:是否积极参加各类培训、进修、学术交流等活动。

职业规划:关键在于是否存在清晰明确的职业发展目标,以及是否正在为达成这些目标付出相应的努力。

二、评价方法

评价方法的选用对评价结果的客观性以及公正性有着直接的影响。地方高校工科专业的师资队伍,其评价方法应呈现出多样化的特点,不能仅仅局限于单一的评价方式,定量评价和定性评价这两种方式都要兼顾,同时,自我评价以及外部评价也都不可或缺。较为常见的评价方法有如下几种。

1. 定量评价法

主要是借助具体的数值指标对教师的工作表现予以评估。该方法有着客观性突出、便于比较的优势，特别适用于教学工作量、科研成果这类能够量化的指标。常用的定量评价方法如下。

教学工作量统计方面：主要依靠教务系统来完成对教师每学期各项情况的统计，像教师授课的课时情况，还有指导学生的数量等这些方面的内容都在统计范围之内。对科研成果展开统计，依靠科研管理系统来统计教师所发表的论文数量，还有科研项目所涉及的经费情况，以及专利数量等方面的内容。

学生评教分数：通过学生评教系统获取学生对教师教学质量的评分。

2. 定性评价法

定性评价法是凭借主观方面的判断，进而对教师的工作表现予以评估，其在师德师风、团队合作这类难以用具体数量去衡量的指标方面较为适用。常见的定性评价方法涵盖如下。

同行评议：就是由从事相同专业的教师相互之间在教学方面、科研方面以及师德方面等予以评价。

教学督导评价：由教学督导组成员对教师的教学质量进行听课评价。

领导评价：由院系领导对教师的综合表现进行评价。

3. 自我评价

教师对自身工作表现予以总结与反思。它利于教师发现自身所具备的优点以及存在的不足，进而推动自我得以提升。而自我评价所涉及的内容涵盖了教学方面、科研层面、师德范畴以及社会服务等诸多不同的方面。

4. 学生评价法

学生作为教学活动的直接受惠群体，其对教师所给出的评价无疑有着极为重要的参考意义。学生在开展评价时，可借助问卷调查的方式，或是通过举办座谈会等形式来落实，而评价的内容涵盖教师在教学过程中展现出的教学态度方面的情况、所运用的教学方法是否得当以及最终呈现出来的教学效果优劣等诸多方面。

5. 综合评价法

综合评价法把定量评价跟定性评价融合起来，在这个过程中，不但会考察教师的工作量情况，同时也会考察其工作质量如何。常见的综合评价方法如下。

加权评分法：就是要给各项评价指标分别赋予不一样的权重，然后经过一番加权方面的计算，进而得出教师的综合评分情况。

360°评价法：即借助多个不同层面的评价主体，像是学生、同行、领导，还有教师自己等，对教师展开较为全面的评价活动。

三、评价结果应用

评价结果得以应用，这才是评价体系所追求的最终目的所在。唯有把评价结果切实地运用到教师的职业发展方面，以及融入学校的管理决策环节中去，评价体系方可实在地发挥出其应有的作用。

1. 职称评定与晋升

评价所得出的结果构成了教师职称评定以及晋升极为关键的依据。借助评价体系这一工具，学校能较为详尽地知晓教师在教学层面、科研方面以及师德等诸多方面所呈现出的具体表现，并以此为基础做出相对公正客观的职称评定以及晋升方面的决策。对于表现格外优异的教师，可以在晋升上给予优先考虑；而对于表现未达预期、稍显欠佳的教师，则能够为其提供与之相对应的培训活动以及相关指导内容，助力其实现自身能力的有效提升。

2. 绩效奖励

评价所得的结果可以作为绩效奖励所凭借的依据。借助评价体系，学校能判断出在教学方面、科研方面以及社会服务等诸多方面有突出表现的教师，从而给予相应的奖励，如奖金、荣誉称号等奖励。这不但能够鼓舞教师持续不断地努力，还能营造出一种良好的竞争氛围。

3. 培训与发展

评价所得出的结果能够助力学校发现教师在培训方面存在的需求。对在部分领域呈现出表现欠佳状况的教师，学校能有的放矢地给予其培训契机，如有关教学技能方面的培训，或是科研方法层面的培训等。另外，评价结果还能够在教师规划自身职业发展之时起到参考的作用，助力教师更为清晰地明确其在未来要走的发展路径。

4. 教学与科研资源分配

评价所得出的结果可以作为教学以及科研资源分配所参照的依据。对在教学工作还有科研活动方面表现优异的教师，学校可优先分配资源，如教学所需的设备、开展科研活动的经费等，这些皆是可分配的资源类型。一方面能够促使资源的使用效率得以提升，另一方面还能够起到激励教师的作用，推动他们在教学以及科研这两个方面获取更为出色的成绩。

5. 团队建设与学科发展

评价所得的结果能够对团队建设以及学科发展起到参考的作用。借助评价体系，学校能够从中辨认出在团队合作还有领导力这两个方面表现突出的教师，将重要职责交付给他们，如让其担任学科带头人或者团队负责人等职务。另外，评价结果还能为制定学科发展规划提供依据，助力学校优化学科结构，促使学科水平得以提升。

6. 师德师风建设

评价所得出的结果能够为师德师风方面的建设提供相应依据。在师德师风层面有优秀表现的教师，学校可对其给予表彰并展开宣传，树立其为大家学习的榜样；而对在师德师风方面出现了问题的教师，学校能够及时实施教育并加以纠正，进而避免相关问题进一步扩大。

7. 社会服务与校企合作

评价所得出的结果能够给予社会服务以及校企合作一定的参照。针对在社会服务这个层面表现突出的教师，学校可对其加以鼓励，让他们能够持续地投入到社会服务中去，以此助力科技成果实现转化；而对于在校企合作方面表现优秀的教师，学校则可优先将其举荐去参与校企合作相关的项目，进而推动产学研的有机结合。

师资队伍评价体系的构建与应用属于一项系统工程，这离不开学校、教师以及学生共同参与。借助科学且合理的评价体系，地方高校所开设的工科专业能够持续对师资队伍的质量加以提升，进而推动学科方面的建设以及学校的发展。

第八章　地方高校工科专业质量保障体系建设

第一节　质量保障体系构建原则

质量保障体系绝非只是形式层面存在的一个框架，更是一种会贯穿在整个教育教学全部过程当中的管理理念以及相应的方法手段。并且，它还要遵循特定的一些原则，如此才能够保证其在实际进行操作运用的时候发挥出应有的作用。

一、目标导向

目标导向是质量保障体系构建的首要准则。任何教育活动在开展过程中都不能缺少明确的目标。目标导向这一准则要求在构建质量保障体系之际，首先要明晰工科专业的教育目标，并且要以该目标作为核心要素，设计与之相对应的保障措施以及评价标准。

1. 教育目标的明确性

地方高校工科专业设定的教育目标，一般涵盖如下层面：着力培养学生的专业知识以及技能，提升学生的实践能力还有创新能力，着意塑造学生的职业素养以及社会责任感。这些目标既是开展教育教学活动的起始之处，同时也是构建质量保障体系所要归结的地方。所以，在构建质量保障体系之际，要首先针对这些目标做出清晰明确的界定，并进行细致的分解，保证每一个目标都可以凭借具体的教学活动以及相应的评价机制得以实现。

2. 目标与保障措施的对应性

当明确了教育目标以后，接下来要做的便是设计与之相匹配的保障举措。这些举措涵盖课程设置、教学方法、实践环节、师资队伍建设工作以及教学资源配备等多个方面。每一项保障举措都要和特定的教育目标相互对应起来，以保证目标的达成有着具体的途径以及方法。如某一个工科专业的教育目标是培养学生的创新能力，在课程设置环节就应当适当加大创新实践课程所占的比重，而在教学方法上，则适宜采用诸如项目式学习、问题导向学习这类能够有效激发学生创新思维的教学模式。

3. 目标导向的评价机制

目标导向原则需要在质量保障体系里构建起科学合理的评价机制。凭借定期开展的评价以及反馈工作，能够及时发现教育教学过程中出现的各类问题，进而做出与之相应的调整与改进。可以依据学生毕业之后的就业状况、来自企业方面的反馈信息、学生在创新能力方面的具体表现等诸多维度的指标，去衡量教育目标的实现情形，再依照所得到的评估结果，针对课程设置、教学方法等方面展开优化工作。

4. 目标导向的动态调整

教育目标向来不是固定不变的，它会随着社会需求方面出现的种种变化，以及行业技术不断的发展情况而有所变动。因此，在构建质量保障体系的时候，该体系应当具备一定程度的灵活性，要能够依据外部环境所发生的变化以及内部需求做出的调整，及时且动态地对教育目标以及保障措施加以调整。如在人工智能、大数据这类新兴技术迅猛且快速发展的态势下，工科专业的教育目标很可能需要额外增添对这些新技术予以掌握以及应用能力方面的要求，与之相对应的课程设置以及教学方法也都需要做出相应的更新与变革。

二、全员参与

质量保障体系的构建与实施并非仅仅只是教学管理部门单方面的责任，全体教职员工、广大学生乃至社会各界人士都应当参与其中。全员参与这一原则指出，在质量保障体系的各个环节里面，都要充分将各方面的积极性以及主动性调动起来，进而凝聚成一股强大的合力，推动教育质量不断地得到提升。

1. 教师的积极参与

教师作为教育教学活动的直接施行者，需要积极投身到教育目标的明确制定以及课程设计的相关工作当中，保证教学目标和课程内容能够达成高度的一致。在教学的过程中，教师应当持续不断地对自己所采用的教学方法加以反思并做出改进，同时要积极主动地参与各类教学研讨活动以及相关培训，进而提升自身的教学水准。此外，教师也应当加入教学质量评价的工作中，借助自我评价、同行评价等不同的方式，及时发现教学过程中存在的各类问题并加以解决。

2. 学生的主动参与

学生作为教育教学活动的直接受益群体，需要清晰明确自身的学习目标，并且要以积极主动的姿态投身到课程学习以及实践活动当中，自主地提升自身所具备的专业知识以及相关技能。学生要积极主动地参与到教学质量的评价环节中去，借助课程评价、教师评价等多种方式，将教学过程中存在的各类问题以及相关建议进行反馈。此外，学生还能够通过参与科研项目、创新创业活动等不同途径，进一步提升自身的实践能力与创新能力。

3. 管理部门的统筹协调

教学管理部门在构建与实施质量保障体系方面，承担着统筹协调的重要角色。管理部门要强化对教学整个过程的管理工作以及监督，定期组织开展教学质量方面的检查活动以及评估工作，以便能及时发现教学当中存在的各类问题并加以解决。管理部门此外还需进一步加强同企业以及社会的关联，深入了解行业的实际需求以及社会给出的反馈信息，从而能够及时对教育目标以及课程设置做出相应的调整。

4. 社会各界的支持与参与

工科专业所涉及的教育质量同样与企业乃至整个社会的发展息息相关。因此，质量保障体系在构建以及实施的过程当中，是离不开社会各界给予的支持和积极参与的。就企业而言，它能够借助和高校展开合作的方式，为高校提供实践基地，参与到相关课程的设计环节当中去，还能为学生提供实习的机会等。行业协会和政府部门，则可以通过制定出相应的行业标准，并且给予一定的政策方面的支持等途径，推动工科专业教育质量不断地得以提升。社会公众，同样也能够通过参与到教学质量的评价活动当中，提供相应的反馈意见等方式，从而参与到整个质量保障体系里。

三、持续改进

1. 持续改进的理念

在质量保障体系的各个环节中，都要持续不断地展开反思以及推进改进方面的工作。不管是课程设置还是教学方法，或是实践环节、师资队伍建设以及教学资源配备等方面，均需依照实际呈现出来的效果以及所获取到的反馈意见，来持续不断地加以优化并做出相应的调整。

2. 持续改进的机制

要达成持续改进这一目标，质量保障体系需要构建起科学且合理的改进机制。首要的是构建起定期开展的教学质量评估机制，借助学生评价、教师自评、同行评价以及企业反馈等多种多样的途径，全方位知晓教学质量当下的状况以及存在的各类问题。其次要构建问题反馈与解决机制，保证在评估环节发现的问题可以及时获得解决。此外，还需构建起针对改进措施的跟踪与评估机制，以确保改进措施能够切实发挥出其应有的作用。

3. 持续改进的实践

在实际操作进程当中，持续改进的理念理应渗透在教育教学的各个环节之中。在课程设置这块，能够依据行业的实际需求以及学生给出的反馈信息，持续不断地对课程内容加以调整并进行优化，同时适当加大新兴技术相关课程所占比重。而在教学方法这一方面，依照教学所达成的效果还有学生的反馈情况，不停地对教学方法做出改进，进而采用更为灵活且多样的教学手段。至于在实践环节方面，则可根据企业所反馈回来的情况以及学生在实践当中所呈现出的效果，持续不断地对实践内容与形式予以优化，以此来提高学生的实践能力。

第二节　质量保障体系内容设计

在地方高校工科专业有关质量保障体系的建设进程当中，内容设计无疑是极为关键的核心环节。一套具备科学性、合理性且有着较强可操作性的质量保障体系，是能够切实有效地提升教学方面的质量，进而有力确保人才培养所设定目标得以顺利实现的。接下来便会围绕教学质量标准、教学质量监控、教学质量评估以及教学质量改进这 4 个不同方面来展开相应的论述，细致且深入地探讨究竟该如何构建起一个既具系统性又较为规范化的质量保障体系。

一、教学质量标准

教学质量标准需要将教学的各个环节都囊括其中，如课程设置、教学内容、教学方法、教学资源、师资队伍以及学生评价等这些方面都得涵盖到。课程设置方面，标准要把每门课程具体的教学目标、学时是如何分配的、包含哪些教学内容以及考核方式都清晰地罗列出来；教学内容方面，标准要对课程的核心知识点、技能方面有哪些要求以及实践环节做出相应的规定；教学方法方面，标准应当鼓励教师运用多种多样的教学手段，如案例教学、项目教学、翻转课堂之类的方式，通过这样来促使学生的参与度得以提升。

二、教学质量监控

教学质量监控要从内部以及外部这两个不同方面来开展。内部监控，主要是依靠学校内部的教务部门，还有教学督导组以及专业负责人等相关方面来落实。而外部监控，可借助引入第三方评估机构、行业专家以及企业代表等这些外部的力量去推进。

内部监控方面，学校要构建起完善的教学督导制度。教学督导组是由有着丰富教学经验的教师所组成的，会定时针对课堂教学、实验教学以及毕业设计等诸多环节展开细致的检查以及全面的评估工作。督导组既要对教师在教学过程中所展现出的各种教学行为予以有效的监督，同时也需要对学生的实际学习状况加以紧密跟踪，切实保障教学目标能够得以顺利实现。如督导组能够借助听课、查阅教案以及检查作业等，深入了解教师的教学态度究竟如何、所采用的教学方法是否得当以及最终呈现出来的教学效果如何等情况，并能够及时地将相关的改进建议反馈给教师。

外部监督方面，学校能够邀请行业方面的专家以及企业代表一同参与到教学质量的评估工作中去。行业专家可从行业需求这一角度出发，针对课程设置、教学内容以及实践环节给出相关建议；企业代表则能从用人单位的角度出发，对学生的实践能力、创新能力还有职业素养予以评价。如学校可定期开展校企合作的研讨会，邀请企业代表参与到课程设计以及教学评估中去，以此保证教学内容和行业需求能够紧密贴合在一起。

教学质量监控要充分借助现代信息技术。学校要搭建教学管理信息系统，以便实时对教学数据加以采集以及展开分析，教学数据包含学生的出勤率、作业具体的完成状况、考试所取得的成绩等方面。对这些数据做相关分析工作，学校可以较为及时地发现教学环节里存在的各类问题，并且还能据此采取与之相对应的一系列改进举措。如某一门课程学生的成绩整体上都处于偏低的水平，那么学校就可以凭借数据分析来探寻其中的原因，看看究竟是教学内容的难度设置得过高了，还是所采用的教学方法存在不妥之处，在此基础之上再有针对性地做出相应的调整与优化。

三、教学质量评估

教学质量评价对教学效果展开较为全面的评价活动，可以为教学方面的改进工作给出相应依据。教学质量评估一方面是针对教师教学水平所做的检验，另一方面也是针对学生学习效果实施的检验，同时还是针对整个教学体系开展的检验。

教学质量评估能够划分为形成性评估以及终结性评估这两种类型。形成性评估具体是在开展教学活动的过程中来实施的，主要作用在于可以及时地发现并处理所出现的各类问题，进而推动教学质量不断地得到改进提升。终结性评估，是在整个教学周期完成之后才开展的，它主要是针对教学所达成的效果去做较为全面系统的总结以及评价方面的工作。

就形成性评估来讲，学校能够借助学生评教、同行评教以及教学督导评教等诸多方式来落实。学生评教属于形成性评估里极为重要的一种方式，学生是教学活动的直接参与者，所以对于教师的教学态度、所采用的教学方法以及最终呈现出来的教学效果，他们有着极为直观的感受。学校能够凭借问卷调查、召开座谈会等不同形式，收集学生针对教学所给出的意见还有建议。如学校完全可以精心设计一份颇为详细的评教问卷，这份问卷会涉及教师的教学态度、教学所涵盖的内容、运用的教学方法以及课堂管理等方面，并且要求学生在每学期临近结束的时候填写。通过对所收集到的评教数据展开分析，学校便能够知晓教师的教学水平状况，进而为教师给出可供改进的相关建议。

同行评教。同行教师能够站在专业层面，针对教师的教学内容、所采用的教学方法以及达成的教学效果等给出评价。学校可以组织教师相互听课，听完课之后，开展评课讨论活动，大家在这个过程中分享各自的教学经验，同时也会提出一些改进的建议。同行评教这种方式极大地推动了教师之间展开交流与合作。

教学督导评教这一环节，主要是依靠教学督导组展开相应的检查以及评估工作，以此来对教师在教学过程中的各类行为予以监督，并且给予必要的指导。教学督导组能够借助听课、查看教案、核查作业等多种途径，全面知晓教师的教学实际状况，随后及时地把一些改进方面的建议反馈给教师。如果督导组发现某一位教师在课堂管理这个层面出现了一些问题，那么可以通过开展个别谈话、组织教学培训等不同的方式，帮助该教师提升其课堂管理方面的能力。

对于终结性评估而言，学校可以借助课程考试、毕业设计以及就业质量等诸多途径来落实。课程考试属于终结性评估里较为基础的一种方式，当对学生的考试成绩加以分析的时候，学校便能够知晓学生对知识的把握状况。学校可以针对每门课程的考试成绩展开统计分析工作，进而了解学生的平均成绩、及格率、优秀率等各项指标，并且将这些数据和往年的数据做一番对比，发现教学环节中所存在的一些问题。

毕业设计是终结性评估极为重要的一种方式，它能够对学生的综合能力予以较为全面的检验。学校借助对毕业设计开展评审这一途径，可以检查学生所具备的专业知识状况、实践能力、创新能力以及职业素养情况。学校可以把行业专家以及企业代表邀请过来，让他们参与到毕业设计的评审工作中去，从行业需求层面出发，针对学生的毕业设计给出相应评价，同时还能提出一些改进方面的建议。

就业质量是终结性评估的最终体现形式，反映出学校在人才培养方面所获得的社会认可度。学校可以对毕业生就业情况展开跟踪调查，分析毕业生在就业率、就业质量以及职业发展等方面的实际状况。学校可以精心设计一份有关毕业生就业情况的调查问卷，问卷可以涉及毕业生的就业单位、所从事的工作岗位、薪资的水平状况、职业发展走向等多个不同的层面，并且要求毕业生在毕业之后的一年时间内完成填写。借助对所收集到的就业数据加以细致分析，学校可以清楚了解自身人才培养所达成的实际效果，进而为后续教学方面的改进找寻到相应的依据。

四、教学质量改进

教学质量的改进要建立一套问题反馈机制。学校借助教学质量的监控举措以及评估手段，及时发现教学环节里存在的各类问题，再把这些问题传达给与之相关的各个部门以及授课教师。学校依据所存在问题的性质及其严重的程度，来拟定与之对应的改进办法。如课程考试中出现某一门课程学生的成绩普遍都不高的情况，学校便可以采取如对教学内容加以调整、对教学方法予以改进、把辅导时间适当增加等一系列办法，来促使学生们的学习成绩得以提升。

第三节 质量保障体系运行机制

一、组织保障

地方高校要设立专门的质量保障机构,如"教学质量保障中心"或者"工程教育认证办公室"等相关机构,让其承担起统筹协调全校工科专业质量保障相关工作的职责。同时,各个工科学院也应当组建起与之对应的质量保障小组,负责对本学院展开质量监控以及推进相关改进工作。这种分层管理的模式,能保证质量保障工作触及每一个专业的每一个教学环节。

明确各部门职责分工。教学质量保障中心重点承担起制定覆盖全校的质量保障政策以及相关标准的任务,同时对各学院开展的质量保障工作予以监督,还要定期安排组织相关评估活动并做好反馈工作。而各学院设立的质量保障小组,负责的是具体的实施环节,如在课程设置方面、教学计划方面、师资队伍建设方面以及学生培养等方面来开展质量监控工作,保证质量保障工作有条不紊地向前推进。

地方高校也需要进一步强化同外部机构展开合作,特别要注重和行业协会、各类企业以及工程教育认证机构等建立更为紧密的联系。把外部专家引入并让其参与到质量评估中去。一方面可以使评估具备更高的客观性,另一方面也可以让评估彰显出更强的权威性,同时,还能够给学校带来处于行业最前沿的动态信息,从而使学校能够及时对培养方案做出相应的调整,保证工科专业的教育质量更好地匹配社会实际需求。

组织保障方面也应当重视人员的培训以及能力提升。质量保障工作包含着数据分析以及评估方面的相关工作,所以,与之相关的工作人员得具备较为扎实的专业能力以及数据分析方面的能力。地方高校需要定期开展培训活动,以此来提升工作人员的业务水准,保证他们可以满足质量保障工作提出的各项要求。

二、制度保障

地方高校要构建起完善的教学质量监控体系。此体系需涵盖对教学过程加以监控、对教学效果予以评估以及建立反馈机制等。就教学过程的监控而言,学校可凭借定期开展听课活动、实施教学检查、组织学生进行评教等途径,以便能够及时发现教学过程中所存在的各类问题。在针对教学效果展开评估的时候,学校能够借助考试、毕业设计以及实习报告等多种多样的形式,去评判学生的学习成果是不是与培养目标相契合。至于反馈机制方面,学校应当打造出畅通无阻的反馈渠道,保证教师和学生都能够及时将教学中存在的问题反映出来,并且促使这些问题得以有效解决。

地方高校要进一步完善其教学质量评估方面的制度。要涉及诸如教学内容、教学方法、教学资源、师资所具备的水平以及学生学习所呈现出的效果等诸多不同的方面。评估相关的工作应当按照一定的周期来开展,并且评估得出的结果需要及时地反馈给与之相关的教师以及学院,使其能够成为教学改进过程中十分重要的依据所在。

地方高校也应当构建激励机制,以此来推动教师积极主动地投身到质量保障相关工作中去。把教学质量的评估所得出的结果和教师的职称评定、绩效考核相互关联起来,促使教师持续不断地提升自身的教学水平。此外,学校还能够设立专门的教学质量奖项,对在教学质量保障工作方面表现格外优异的教师以及学院给予表彰，进而营造出一种良好的质量文化方面的氛围。

地方高校要强化制度的执行力度。地方高校要强化针对制度执行状况的监督与检查工作，保证各项制度都能够实实在在地落地施行。对于执行力度不足的部门或者个人，学校应当果断采取与之相对应的问责举措，保障制度所具有的严肃性以及权威性不受侵犯。

三、资源保障

人力资源无疑在质量保障工作里居于核心地位。地方高校应当着力强化师资队伍的建设工作，保证工科专业具备一支高水平的教师队伍。学校要借助引进高层次人才这一途径，同时也强化对教师开展的培训活动，并且鼓励教师积极投身到科研以及工程实践等相关工作中去，通过这些举措来促使教师的专业水平以及教学能力得以提升。此外，学校也需要对教师的职业发展给予高度关注，要为教师创设出良好的工作环境以及发展平台，充分激发教师在工作方面的积极性以及他们自身的创造力。

财力资源对质量保障工作起着关键的支撑作用。地方高校需要加大针对工科专业的经费投入力度，以此来确保教学质量保障工作能够拥有足够充裕的资金支持。在经费投入的具体用途方面，应当主要将其花费在教学设备的更新换代、实验室的规划建设、教学资源的深入挖掘开发以及教师相关培训等诸多重要方面。另外，学校还可以通过争取政府方面的拨款、积极获取企业的赞助、大力推动校友的捐赠等不同渠道，拓宽经费的来源途径，保证质量保障工作实现可持续性发展。

物力资源对于质量保障工作同样是重要的保障要素。地方高校理应着力强化教学设施方面的建设工作，要保证工科专业能够配备先进的教学设备以及实验室。高校可以通过和企业展开合作的方式，共同创建实验室以及实习基地，赋予学生更多的实践契机。高校还要进一步加强信息化建设，借助现代信息技术来促使教学质量得以提升。如高校能够建设在线教学平台，给予学生丰富多样的学习资源；同时运用大数据技术，针对教学质量实施实时的监控与分析，及时发现并解决所存在的各类问题。

地方高校同样需要关注资源的合理调配以及高效运用。毕竟资源存在一定的有限性，这要求学校对资源展开合理的调配，保证资源充分发挥最大效益。学校制定与自身相适应的资源分配方案，确保资源朝着教学质量保障工作中的重点领域有所倾斜。此外，学校也应当进一步强化对资源的管理工作，防止出现资源被浪费以及闲置的情况，进而保证资源得以高效运用。

第九章　总结与展望

第一节　结　论

本书围绕在本科教育教学审核评估背景下，地方高校工科专业建设方面所展开的探索以及实践活动来进行阐述。系统且细致地分析了国内外工程教育评估以及认证在发展过程中所经历的各个阶段，同时也深入考察了地方高校工科专业建设当下所处的实际状况以及存在的问题。在此基础之上，结合审核评估所提出的各项具体要求，笔者进而提出了对于地方高校工科专业建设较为适宜的优化路径，并且还给出了与之相对应的实践策略。研究得出的主要结论如下。

1. 审核评估对地方高校工科专业建设具有重要导向作用

本科教育教学审核评估，秉持“学生中心、产出导向、持续改进”核心理念。强调分类给予指导以及特色方面的发展，这无疑给地方高校工科专业建设清晰地指明了前行的方向。地方高校理应抓住契机，紧密结合所在区域经济社会发展的实际需求，进一步明确人才培养的具体目标，凸显专业特色，推动专业朝着内涵式的方向发展。审核评估不仅是针对高校教学质量展开的一种检验，更是从整体层面对高校办学理念以及人才培养模式所做的全面深入的审视。地方高校要充分借助审核评估所给出的反馈结果，找准自身定位，优化资源配置，持续提升工科专业核心竞争力。

2. 地方高校工科专业建设面临多重挑战

地方高校所开设的工科专业，在人才培养目标究竟该如何定位、课程体系如何更新、师资队伍怎么建设、实践教学条件是否完备以及质量保障体系是否完善等方面，都存在问题，对工科专业高质量发展形成了制约，迫切需要系统性的改革。部分地方高校的工科专业，人才培养目标和所在区域的产业实际需求脱节，设置的课程内容滞后于行业当下的技术发展态势，师资队伍的人员结构安排也不够合理，实践教学方面可利用的资源仍然匮乏，质量保障体系流于形式。对工科专业的教育教学质量产生了不良影响，同时也削弱了毕业生在就业市场上的竞争力。

3. 基于审核评估的工科专业建设路径清晰可行

笔者明确给出了确立人才培养目标、优化课程体系、强化师资队伍建设、改善实践教学条件、完善质量保障体系的具体路径的建议。这些建议能够给地方高校工科专业建设起到一定的参考。如在人才培养目标方面，地方高校需要紧密贴合区域产业的种种需求，制定科学且合理的人才培养方案；在课程体系方面，引入新工科的相关理念，构建起包含“通识教育、专业教育以及实践教育”的课程体系；对于师资队伍建设而言，要注重引进和培养两者相结合的方式，提升教师的整体水平；在实践教学方面，强化实验室以及实习基地的建设工作，推动产学研合作；在质量保障方面，应当建立健全教学质量标准及监控机制，持续提升教学质量。

4. 课程体系与实践教学改革是工科专业建设的核心

在新工科背景之下，地方高校所开设的工科专业要关注学科之间的交叉融合，同时也要重视对学生实践能力的精心培养以及开展创新创业教育。对实践教学体系开展系统的设计和落实，有助于提升学生的工程实践能力。地方高校要借助项目式教学、案例式教学以及混合式教学等创新性的教学方法，充分激发学生的学习兴趣，全方位培养学生的实践能力，大力培养学生的创新精神。此外，地方高校还应当进一步强化与企业之间的合作，积极拓展实践教学平台，为学生创造出更多能够接触到实际工程的良好机会。

5. 师资队伍建设与评价是工科专业建设的重要保障

一支高水平的师资队伍是工科专业实现高质量发展的根基所在。地方高校要把引进教师和培养教师这两种途径有机结合起来，提高教师在教学方面以及科研方面的能力，建立科学合理的教师评价机制以及激励机制，充分激发教师内心的积极性，挖掘出他们所具备的创造力。如可以设立教学奖励基金，大力开展教学能力培训，积极鼓励教师参与企业实践，全方位提升教师的综合素质。同时，地方高校还应当构建起多元化的教师评价体系，要把教学工作、科研工作以及社会服务这几个方面纳入评价的范畴，使评价的结果既具备客观性，又不失公正性。

6. 质量保障体系建设是工科专业可持续发展的关键

地方高校有必要建立起完善的教学质量标准、监控、评估以及改进方面的机制，构建起全员参与和持续改进的质量保障体系，保障工科专业建设目标的实现。如定期开展教学检查、让学生进行评教、安排同行展开评议等多种方式，及时发现教学当中存在的各类问题并且加以解决。此外，还应当建立针对教学质量改进的长效机制，把评估所得到的结果和教学改革相互结合起来，以此推动教学质量不断地得到提升。

第二节　展　望

本书在本科教育教学审核评估的背景之下，对地方高校工科专业建设展开了颇为系统的探索，但仍然有待完善。今后可以继续从以下几个层面来深化拓展。

1. 深化审核评估指标体系的应用研究

本科教育教学审核评估指标体系于实际应用环节极有可能存在着某些局限性。今后可以结合不同类型地方高校的真实状况，进一步细致化评估指标，探索出更具针对性、更契合实际情况的评估方法。如可以对处于不同区域、不同层次的地方高校，制定存在差异的评估标准，切实保障评估结果的科学性以及公正性。

2. 加强地方高校工科专业建设的区域特色研究

地方高校的工科专业建设要与所在区域的经济社会发展需求紧密贴合。今后可以对不同区域的地方高校工科专业建设模式展开细致分析，对可以推广的经验以及相关做法归纳总结。可以挑出具有代表性的地方高校，针对其开展案例方面的研究工作，剖析它们在工科专业建设进程当中所取得的成功经验，同时也找出存在的不足，给其他高校提供一定参考。

3. 探索新工科背景下工科专业建设的创新路径

伴随新工科建设不断推进，地方高校工科专业建设迎来了全新的机遇，同时也遭遇诸多新的挑战。今后可以进一步探寻在新工科背景下，课程体系、实践教学以及师资队伍建设等各个方面存在的创新路径。如研究如何把人工智能、大数据还有物联网等这些新兴技术融合进工科专业课程体系中，提高学生运用技术的能力。

4. 加强国际比较研究，借鉴国外先进经验

国外的工程教育认证与评估体系已然发展得颇为成熟。今后可以进一步开展国际层面的比较研究，充分汲取国外先进的经验成果，紧密结合我国地方高校的实际状况，提出更具国际眼光的工科专业建设方面的策略举措。如可以针对美国的 ABET 认证体系以及欧洲的 EUR-ACE 认证体系所取得的成功经验展开深入研究，细致剖析这些经验在我国地方高校工科专业建设过程中的适用程度。

5. 关注工科专业建设的长期效果评估

工科专业建设所产生的成效必须得历经较长时间的实践来加以检验。可以对地方高校工科专业建设具体实施之后所呈现出来的效果展开跟踪式的考察，对其在人才培养的质量方面、毕业生就业所具备的竞争力方面以及区域经济社会发展所做出的贡献方面予以评估。可以凭借对毕业生的调查，剖析他们在工作岗位上的具体表现，对工科专业建设实际所达成的成效做出评估。

6. 推动工科专业建设的数字化转型

伴随信息技术飞速的发展，数字化转型已然变成高等教育发展进程里的重要趋向。今后的相关研究可以探索如何借助大数据、人工智能等新兴的技术手段，推动地方高校工科专业建设方面的数字化转型工作，促使教学效率以及教学质量获得提升。可以钻研如何通过运用在线教育平台、虚拟仿真技术等多种方式，使教学资源变得更为丰富，增强学生的学习体验。

7. 加强地方高校之间的协同合作

地方高校的工科专业在建设过程中，可以强化校际之间的协同合作。通过合作，可将优质的教学资源实现共享，联合打造实践教学平台，联合开展师资方面的培训工作，进而营造协同发展的优良生态环境。可以建立地方高校工科专业联盟，定时开展教学研讨、经验交流这类活动，推动资源共享，让各高校之间优势互补。

8. 关注工科专业建设的政策支持与环境优化

地方高校的工科专业建设，除了依靠高校自身努力外，还离不开政府以及社会各界给予相应的支持。在今后的研究当中，可以更加关注如何借助政策方面的支持以及对环境加以优化，从而给地方高校工科专业建设营造出更良好的外部条件。可以研究如何通过政府专门设立的专项资金给予支持、和企业携手合作共同建设等方式，来促使地方高校工科专业的办学条件得到有效的改善。

地方高校工科专业的建设，无疑是一项具有系统性且长期性特征的工程，这离不开政府、高校、企业以及社会各界齐心协力地推动。在本科教育教学审核评估的指引之下，地方高校要始终秉持以学生作为核心、以产出当作导向的理念，持续不断地对教学质量加以改进，培养契合新时代发展需求的高素质工程方面的人才，持续为区域经济社会的发展以及国家创新驱动发展战略提供有力支撑。本书仅针对地方高校工科专业建设所展开的探索与实践活动给出了一个初步的框架，今后依然需要在具体的实践过程中持续不断地总结相关经验、进一步完善相应的理论，促使地方高校工科专业建设能够朝着更高的水平迈进。期望本书能够给地方高校工科专业建设带来一些有益的参考价值，同时也满心期待着有更多的学者以及实践者能够投身到这一领域的研究工作中来，大家携手共同推动我国高等教育朝着高质量的方向发展。经过持续不断的探索以及实践活动，地方高校工科专业必会迎来更为灿烂辉煌的明天。

主要参考文献

毕军贤，李华，李博，2024. 应用型本科高校产教融合协同育人实现路径研究：以河南城建学院为例[J]. 河南教育(高教)(12)：8-10.

蔡松韬，罗建新，李文军，等，2022. 新工科背景下应用型地方本科高校高分子材料创新综合实践教学改革[J]. 科技视界(21)：92-94.

邓子龙，2023. 市域产教联合体视域下计算机应用技术专业实践技能型人才培养模式的研究[J]. 电脑知识与技术，19(29)：127-129.

丁凡平，吴星南，王海生，2021. 教师岗位胜任力提升立体化发展的研究[J]. 内蒙古医科大学学报，43(S2)：137-139.

董隽，于少鹏，2016. 高校地理信息科学专业创新创业人才培养的课程建设研究[J]. 哈尔滨学院学报，37(4)：137-139.

高梦圆，2023. 大学生职业生涯规划与创新创业教育协同发展路径[J]. 四川劳动保障(11)：57-58.

韩宇宁，2024. "大思政"格局下高校跨学科融合创新型人才培养路径探究[J]. 产业与科技论坛，23(20)：119-121.

黄亚飞，席燕辉，唐欣，2022. 理工类专业课课程思政建设的问题及对策分析[J]. 高教学刊，8(6)：172-175.

贾贺，2025. 基于 OBE 理念的《网页设计与制作》课程混合式教学改革研究[J]. 微型计算机(2)：139-141.

贾建锋，周啸，焦玉鑫，2022. 如何推进课程思政与创新创业教育同向同行[J]. 渤海大学学报(哲学社会科学版)，44(2)：92-96.

赖薇薇，麦文桢，2024. 民办本科高校的国际化发展问题与对策研究[J]. 进展(17)：7-9.

李付学，闫红，张祯，等，2024. 融合双创教育的程序设计类课程教学改革[J]. 大连大学学报，45(2)：140-144.

李高申，2017. 应用型创新人才培养影响因素分析及对策[J]. 中国成人教育(5)：69-71.

李佳，2024. 新工科建设背景下行业高校创新创业教育的形势思考与实践探索[J]. 科技创业月刊，37(11)：93-99.

李佳，王庚，2024. 地方应用型本科院校提升教学质量保障体系建设研究[J]. 现代农村科技(12)：133-135.

李靖康，2024. "项目型教学"背景下公共艺术社会实践类课程建设研究[J]. 陕西教育(高教)(7)：32-34.

李敏，2024. 高校科研与教学融合发展的模式与实践研究[J]. 科研成果与传播(5)：

186-189.

李石明，黄恒学，2024. 新质生产力背景下加快培养应用技术型人才的策略与路径研究[J]. 四川工商学院学术新视野，9(2)：112-117.

李香兰，郭丽，李琪，2024. 新工科背景下土木类实践课程教学改革路径探析[J]. 大学(教学与教育)(23)：43-46.

林泳兵，2024. 课程思政导向下高校创新创业教育课程改革路径研究[J]. 国家通用语言文字教学与研究(11)：4-6.

蔺婉轩，2023. 党的二十大精神引领下的高校课程改革探讨[J]. 大连民族大学学报，25(6)：568-570.

刘静，张惠玲，党文佳，等，2024. 新工科人才培养的机遇、困境及探索[J]. 科技风(4)：34-36.

刘科明，2024. 新工科背景下地方高校创新创业人才培养体系探索与实践[J]. 江苏科技信息，41(16)：14-17，39.

刘明初，彭香萍，2015. 地方高校教学质量保障的三维模型与路径选择[J]. 教育与职业(22)：41-43.

刘少坤，冯惜君，陆汝成，等，2023. "课训赛产"融合的土地资源管理专业创新创业教育实施路径[J]. 西部素质教育，9(14)：78-81.

卢念，2023. 应用型高校创新人才培养质量的影响因素与对策分析[J]. 中国科技期刊数据库 科研(12)：79-81.

罗盛锋，王祖林，周焕福，2024. 全面质量管理视角下地方理工科高校本科教学质量保障策略探究[J]. 高教论坛(9)：74-78.

马雷雷，田伟，严小飞，等，2024. 新工科背景下专业实践类课程思政建设的探索与实践[J]. 高教学刊，10(S1)：36-40.

马莉婷，陈妍彦，林立达，2021. "双创"视角下应用型本科高校教学团队建设的实践探索——以福建江夏学院为例[J]. 长春教育学院学报，37(12)：53-61.

马晓君，张则，李春江，等，2020. 新工科人才思想引领与创新创业课程体系构建与实施路径[J]. 教书育人(高教论坛)(3)：74-75.

齐宝金，魏进家，伊春海，等，2024. "新工科"背景下工科专业毕业设计与思政要素的融合与创新[J]. 当代教育理论与实践，16(1)：101-107.

任盛，邹汉斌，唐雅媛，2024. 地方本科院校信息专业新工科人才培养模式研究[J]. 电脑知识与技术，20(33)：143-145.

茹莉，2016. 转型发展背景下应用型本科高校系统性实践教学体系构建研究[J]. 宜春学院学报，38(7)：120-125.

宋振鑫，王飞，2024. 数控加工专业在工学一体化模式下的实践探究[J]. 造纸技术与应用，52(1)：75-78.

孙育麟，丁利伟，2024. 高校生态文明教育的有效路径[J]. 林区教学(12)：84-87.

孙占朋，朱海荣，曹亚超，等，2019. 能源与动力工程专业培养方向探索[J]. 内燃机与配件(21)：267-269.

田红超，2023. 新工科背景下课堂教学与创新创业实践融合路径探究：以重庆邮电大学为例[J]. 黄冈职业技术学院学报,25(6):74-77.

王昂,王彦辉,2015. 加强质量监控体系建设,保证计算机专业教学质量[J]. 中国新通信,17(12):114-115.

王刚,运飞宏,陈曦,2023. 面向新工科建设的高校研究生实践创新能力提升路径研究[J]. 黑龙江高教研究,41(7):104-109.

王国琴,徐泽宁,赵玲玲,2024. 一流课程建设背景下高校工程制图课程教学改革路径探究[J]. 教育教学研究前沿,2(3):33-36.

王军涛,2024. 转型发展背景下应用型本科高校教学质量监控体系构建[J]. 科教导刊(11):1-3.

王丽荣,武鹤,孙绪杰,2020. 新时期地方本科院校一流专业课程建设标准研究与探索[J]. 黑龙江教育(理论与实践)(5):18-19.

王文华,张邦成,张文华,等,2024. 地方应用型高校高质量人才培养路径探索与实践:基于新一轮本科教育教学审核评估的思考[J]. 长春工程学院学报(社会科学版),25(2):74-78,108.

王新伟,赵建勋,李艳伟,2015. 材料工程基础课程的实验教学改革与实践[J]. 长春教育学院学报,31(7):70-71.

王应强,赵红霞,2018. 以科研平台为依托的应用型地方本科院校大学生创新能力提升路径探析[J]. 大学教育(7):155-158.

王玉艳,2024. "土力学与地基基础"课程思政教学改革探索与实践[J]. 大学(教学与教育)(9):132-135.

魏颖,2024. 数字化时代线上线下互动教学模式应用中的教师能力提升分析[J]. 职业(1):94-96.

吴立平,刘凤丽,2016. 应用型本科高校教学质量监控体系及运行机制构建[J]. 黑龙江高教研究(1):35-37.

肖贵平,郑宝东,2022. 新工科建设背景下"五融合"创新创业教育的探索与实践[J]. 高教学刊,8(11):38-42.

肖守德,王绍明,吕新华,等,2013. 西部地方综合高校教学质量监控体系现状分析与完善对策[J]. 石河子大学学报(哲学社会科学版),27(B12):34-36.

肖艳军,高楠,万峰,等,2024. 面向产出导向的测控专业"思专创融"培养体系构建的研究与实践[J]. 大学教育(23):124-127.

谢秀利,林丽芹,谢晓兰,2023. 应用型高校工科专业教学质量监控与持续改进[J]. 林区教学(6):31-35.

徐示奥,2024. 高校思政课对理工类专业课"课程思政"建设的支撑策略分析[J]. 吉林化工学院学报,41(2):37-41.

许欢,2024. 高校课程与教学论的学科体系建构对策研究[J]. 佳木斯职业学院学报,40(6):152-154.

薛芳,2025. 智慧校园背景下高校计算机专业教学管理信息化改革路径研究[J]. 中国管理信息化,28(2):221-223.

严启龙，敖文，岳晓奎，2024. 基于创新能力培养的航空航天大类本科毕业设计制度研究[J]. 教育教学论坛(18)：20-23.

杨晓波，任设东，2024. 以党的二十大精神为引领培养智慧康养大数据双创人才[J]. 科技资讯，22(18)：1-8.

杨勇，蒋馨岚，2022. 教育评价改革背景下地方应用型本科高校教学质量监控体系构建[J]. 领导科学论坛(1)：130-132.

姚晨光，2024. 工学一体化教学模式下的数控加工专业教学实践与反思[J]. 中国金属通报(4)：206-208.

姚则会，赵磊，2024. 高水平院校工科专业学困生致困解析与纾困探索：基于中部某“双一流”高校工科专业 284 名本科学业预警学生的混合研究[J]. 教育与教学研究，38(2)：113-128.

曾常茜，李东霞，张庆镐，2018. 高校师资队伍建设探究：以大连大学医学院为例[J]. 西部素质教育，4(23)：100.

张栋强，李世友，李宁，等，2019. 用人单位反馈促进化工专业人才培养持续改进的实践探索[J]. 化工高等教育，36(6)：19-23.

张丰，袁安萍，刘秋，2024. 应用型本科“校企一体、产教融合”育人体系的思考[J]. 大学(研究版)(13)：34-37.

周颖，李祖欣，吕春燕，2021. 新工科视域下地方师范院校工科大学生工匠精神培育现状与路径：以湖州师范学院为例[J]. 湖州师范学院学报，43(10)：102-107.

朱骥，于淑会，李炜，2024. 一流专业建设背景下高校创新创业人才培养路径探讨：以河北地质大学地理信息科学专业为例[J]. 河北地质大学学报，47(3)：126-130.

朱家荣，卢少雯，翟娟，2016. 关于地方新升本科院校教学质量监控与评估体系的问题分析与对策[J]. 开封教育学院学报，36(1)：106-108.